KB136202

김비서가 왜 그럴까 6 [완결]

글·그림 김명미
원작 정경윤

이야기 차례

CHAPTER 81

푸흡—
프, 프러포즈?!
그래.
그동안
미리 말 안 해서
미안하다.
얼떨떨…
혹시나 해서
다 비밀로 했어.
김 비서 놀라게
해주고 싶었거든.
사귀기 시작한 지는
얼마 되지도 않았잖아.
달칵
크리스마스에
프러포즈 했어.
김 비서가
프러포즈를
받아들였어?

오랜만에 꽃배경
척
거절할 이유가 없잖아.
당연한 거 아냐?
이렇게 되기 위한 극적장치에 불과한 일이었지.
…불과 얼마 전까지만 해도 같은 포즈로 야심차게 말하고선 대차게 까였던 것 같은데…
널 보며 앞날은 알 수가 없다는 걸 다시 한번 느낀다.
훅
뭐, 아무튼 축하한다.
이영준 인생에도 결혼이란 걸 하는 날이 오는구나.
마지막 마음의 빤스 한 장도 마저 벗어던졌으니 평생을 함께하기로 한 거겠지?

그래.
진작에
벗어던질 걸 그랬어.
……
끝까지 사수했던 게
무의미할 만큼
홀가분하고 좋더군.
이영준이
평범한 유부남 대열에
합류한 걸
축하하며!!!!!
그래.
참고로 이제는
네 재합류를
더 걱정하자고.
……
똑똑
달칵
부회장님.
강 대표님께서
오찬 약속을 30분
앞당기길 원하시는데요,
어떻게 할까요?
아, 그래.
그럼 슬슬
나가지, 뭐.
달칵

근데, 김 비서.
네?
UIL

반지는
언제부터
끼고 올 거야?
그, 그걸
회사에 왜
끼고 와요!!
화악—
아, 아직
결혼한 것도
아닌데—

또, 또 평소에 끼기엔
너무 크고 불편하고…
그래?
그럼 평소에 끼고
다닐 만한 걸로
하나 더 맞춰줘?
그, 그건
나중에 따로
얘기해요—

……
저벅
저벅
나, 박유식.
(33세, 돌싱)
아, 사장님—
마쓰이 전자 임원분들
지금 막 인천공항에
도착하셨다고 합니다.
아, 그래.
그럼 곧
오시겠군.
근래의 싱글생활에
나름대로 적응하며
잘 지내고 있다고
자부한다.
탁—
하지만 갑작스러운
친구의 결혼 소식에
괜히 마음이 헛헛해지는 것은—
단지 내가
지금 혼자이기
때문일까?
슥

오전 11:37
편집
즐겨찾기
미경
휴대전화
딸깍-
あそこが今回
M&Aを議論中のSR
ソフトウェアのビルです。
(저기가 이번에 인수합병 논의중인
SR 소프트웨어 건물입니다.)
읏챠-
푸욱-
일이나 하자!!

참, 한국 오신 김에
시간 되시면 관광 겸 해서
들르실 곳 좀
알려드릴까요?

바로 요 앞에
제가 자주 가는—

좋은집 부동산

314
아파트
상 가
토 지
땅 문의

응??
쑤욱—
깜짝

バク社長。
(박 사장님?)
どうしたんですか。
(왜 그러십니까?)
쿠쿵—
バク社長—
(박 사장님?)
バク社長—
(박 사장님?)
달칵—

……
오후 5:50
51%
편집
즐겨찾기
미경
꾸욱-
뚜르르…
뚜르르…
뚜르르…
달칵
여보세요.
나야.
웬일이야?
…축하해주려고
전화했어.
응?

아까…
차 타고 지나가는 길에
부동산에서 나오는
당신 봤었어.
집… 구하는 것
같던데.
같이 있던
그 사람…
좋아 보이더라.
난 아직도
우리 지난 시간에 대한
미련 때문에
제자리걸음이지만…
……
당신하고
잘 어울려.
파악
당신만은…
당신은…

부디 행복…
푸웁!!!
훌쩍
푸하하하하하ー
큭큭…
여, 여보세요?
뭐야,
그것 때문에
전화한 거였어?
그 사람, 우리
친척오빠잖아—
오후 5:56
11%
미경
02:45
소리 끔
키패드
스피커
미국 산다던
우리 친척오빠 가족—
얘기했던 거
기억나지?
이번에 한국 들어오는데
지낼 곳 좀 같이 봐달라고 해서
나 아는 공인중개사 친구
소개시켜준 거야.
얼떨떨…
나… 나는…
당신이 만나는 사람
생긴 줄 알고…
참, 당신도
아는 애야, 영주.
이번에 자격증
땄거든.
큭큭
유식 씨,
혼자서 땅굴 파고
들어가는 거
여전하구나.

난 나름
심각했다고—
하루종일 얼마나
고민하고 전화했는 줄
알아?
쿡쿡—
알았어,
알았어.
아까…
미련 얘기했던 거,
진심이야?
그, 그건
마지막이라고
생각하니
나도 모르게—
…유식 씨,
내일 퇴근하고
뭐 해?
내일?
금요일?
우리…
같이 저녁이나
할까?

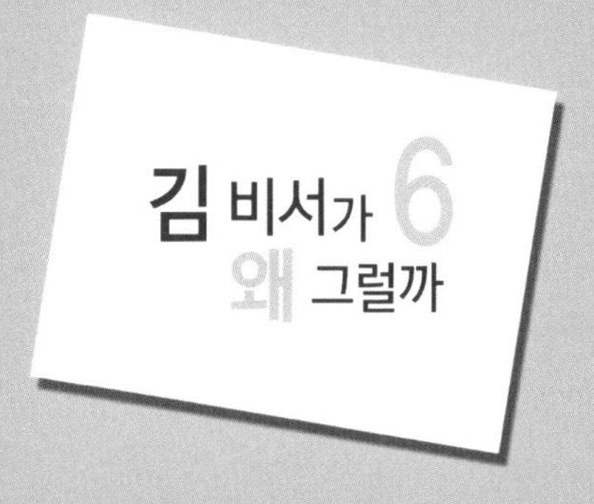
김 비서가 6
왜 그럴까

CHAPTER 82

먼저 걸은 길 함께 가는 길

이화순 지음

기술직 공무원으로
전국 최초의 여성 행정부지사를 지낸
이화순이 이야기하는
도시 · 행정 이야기

건축가 이관직, 창덕궁 농수정

글쓴이 이화순은

충청북도 보은군 한 시골 마을에서 태어났다. 2년이나 아이를 기다리던 가정에 맏이로 태어나 가족의사랑을 한껏 받고 자라 성품이 온화하다.

대한민국의 경제성장기에 아버지의 직장을 따라 이사 다니며 넉넉하지 않은 일반가정에서 보통사람의 생각과 생활에 기반을 두고 성장했다. 어머니의 학구열로 공부에 몰두하여 1979년 고려대학교 공과대학에 특차(지금의 수시전형)로 입학했다. 당시 사회에서 여성이 공과대학에 들어가는 것은 흔한 일이 아니었으며 건축공학과를 과 수석으로 졸업했다. 현대건설에 취직했으나 중동발 2차 오일쇼크로 감원 바람이 불던 1986년 4월 갑자기 실직했다.

실직한 기간에 결혼하고, 1987년 기술고시 시험(국가 공무원 5급 공채 기술직 채용시험)에 합격하였으며, 건축기좌(건축사무관)로 총무처, 내무부를 거쳐 1989년 경기도청에서 지방행정에 첫발을 떼었다. 경기도에서 주택 • 도시 • 지역개발 등 분야의 과장, 국장, 실장을 맡았으며, 국토해양부 • 국토교통부로 자리를 옮겨 기술안전정책관과 초대 건축정책관도 역임한 바 있어 중앙과 지방의 국토 도시개발 분야 행정을 꿰고 있는 전문가로 통했다. 종합행정 분야에서 성남시 수정구청장·의왕시 부시장·화성시 부시장뿐 아니라 경기도 행정2부지사를 맡아 숱한 현안을 해결했다. 여성이면서 온화한 성품으로 상대방의 말을 귀담아듣고 해결방안을 함께 모색하는 것을 잘했으며 중앙과 지방, 기술과 행정, 위계별 다양한 기관에서 많은 일을 하며 융합행정을 했기에 가능했다. 성과를 인정받아 경기도 최초의 여성 기술감사계장·구청장·부시장·기조실장·경제자유구역청장·행정부지사까지 최초 이력이 화려하다.

공무원을 명예 퇴임하고 경기도사회서비스원 초대대표로 자리를 옮겨 신설 공공기관을 제 궤도에 올려놓아 보건복지부로부터 설립 2년 차에 A등급 평가를 받았으며, 현재는 모교인 고려대학교 세종캠퍼스 대학원 특임교수로 자리를 옮겨 '국토 및 도시정책 협동화 과정'의 후학들에게 강의하고 있다.

책머리에

지나고 보니 모든 일이 감사였습니다

희망이었으나 때로는 부대낌이었고 또 때로는 기쁨이었습니다. 대학을 졸업하고 들어간 첫 직장에서 의도하지 않은 이유로 퇴사한 저는 공직에 들어와 평생의 옷을 입고 살았습니다.

그 옷은 경기도에서 주로 많이 입었고, 성남시와 의왕시·화성시에서도 입었으며, 국토해양부·국토교통부에서도 입었으니, 기초자치단체와 광역자치단체 그리고 중앙부처까지 행정기관의 위계별로 온갖 옷을 해 입은 셈입니다. 그리고 건축공학을 전공한 기술직 공무원으로 출발해 구청장·부시장·기획조정실장·행정부지사까지 일할 수 있었으니 참 복이 많은 사람입니다.

제가 일하던 환경은 여성이 많지 않아 눈에 잘 띄고 무슨 일을 어떻게 하는지 금방 입에 오르내리니 오명을 듣지 않기 위해서도 그만큼 물속의 발은 고단했습니다. 더구나 저는 살림을 하고 아이를 키우며 일을 하는 주부다 보니, 깨어있는 시간에 더욱 예민해야 했고 안에서나 밖에서나 종종거리며 살았습니다.

다행히 제가 일한 부서의 동료들과 호흡을 맞춰 좋은 성과를 내고 성과평가를 통해 기관의 중요한 위치를 맡아 일을 잘 해낼 수 있었습니다. 혼자가 아니라 크건 작건 팀플레이로 일할 수 있는 환경을 만들고 함께 열심히 뛴 것이 주효했던 것 같습니다. 공직을 그만두고는 경기도사회서비스원이라는 공공기관 초대 기관장을 맡아 기관을 새로 만드는 일을 했습니다. 작고 열악한 신설 조직이지만 퇴임할 즈음엔 직원 수가 20배쯤 늘고 성적도 A를 맞을 만큼 단단해지자, 이제는 떠날 때가 됐다고 생각하게 됐습니다.

공직을 그만둘 때 주변 사람들이 정치를 권했습니다. 그동안 해온 일을 보며 누구보다 유리하다고 제 마음을 흔들었습니다. 여러 번 고민했으나 아무리 생각해도 정치는 제 옷이 아닌 것 같습니다. 저는 오래전에 계획한 대로 대학강단에 서기를 결정하고 학교를 찾던 중 다행히 저의 모교인 고려대학교로 갈 수 있었습니다.

학생들에게 그동안의 저의 경험을 전달하고 그들의 미래를 그리는데 옆에 있으려 합니다. 여자로서 공대를 졸업하고 공무원이 되어 다양한 기관의 고위 관료까지 지낸 이력은 흔치는 않은 것 같습니다. 그동안 겪은 저의 이야기를 처음 지면으로 꺼내며 잘한 것은 잘한 대로, 못한 것은 못한 대로, 부끄러운 것도 그대로 이야기했습니다. 그리고 이렇게 일할 수 있었던 환경을 이해하는 데 도움이 될까 싶어 저의 개인적인 이야기도 본문 앞·뒤에 썼습니다. 아무쪼록 제 경험이 후배들의 시행착오를 줄이고 더 발전시켜 나간다면 부끄러움은 이내 묻힐 것 같습니다.

나의 일이라고 평생을 자부하며 살았으나 미안한 일이 있습니다. 공직자의 배우자인 남편의 희생, 바쁘다고 육아에 소홀히 한 엄마를 둔 민재·기웅이에게 참 미안하고 할 말이 없습니다. 그래도 늘 곁에 있어 줬고 반듯하게 잘 자라준 아이들이 고맙습니다. "미안해! 그리고 고마워~" "엄마 이렇게 사느라 바빴어. 이해해 줄래?"

책을 처음 만드는 제게 소소한 것까지 안내하고 가르쳐 준 홍승표 선배에게 감사드리며, 제 인생 이야기로 등장해 준 많은 분 들게 감사드립니다. 그리고 예쁜 사진을 찍어 보내주신 심재인 선배와 조권희 님께 감사드립니다. 행복한 순간 함께 해 주신 모든 당신께 감사드립니다.

2022년 봄

글쓴이 이화순

목차

2.

주택 · 도시 행정 이야기

목차

1

세상으로 나오기까지

어린시절의 기억들

젊음과 낭만의 대학생활

세상으로 나오다

1-1

어린시절의 기억들

어린시절의 기억들

서커스 천막에 숨어들다

나는 안양에 두 번 살았다. 한번은 아버지가 고향에서 올라와 한국제지에 들어가신 여섯 살부터 9살 때고, 두 번째는 수원에서 안암동 대학교까지 너무 멀다고 이사하여 산 17년 기간이다.

첫 번째 살던 곳은 지금의 안양중앙시장 언저리에 있는 가겟집인데 학교에 가기 전 어린 나이였다. 엄마는 어린 첫째 동생을 키우며 가게를 하느라 자리를 비우기 어려웠고 여섯 살인 나도 소소한 일을 거들었다. 안양천까지는 집에서 가까웠는데, 한번은 엄마가 안양천에서 걸레라도 빨아오라고 하셨다. 안양천 모래사장엔 가끔 서커스단 천막이 섰는데, 그날도 사람들이 천막으로 들락거리고 음악 소리도 나고 궁금했다. 나는 걸레를 빠는 일은 뒷전인 채 천막 틈으로 숨어들어 서커스에 빠지게 되었다. 정신이 들어 집에 오니 엄마는 화를 내고 야단을 치셨다. 해가 져도 오지 않는 어린 딸이 어떻게 되었을까 놀라서 주변을 돌며 기다리셨던 것이다. 이후 엄마는 안양천으로 가는 심부름을 시키지 않으셨지만,

귓전에는 친구들과 구경하던 서커스단 소리가 쟁쟁했다.

이런 일이 있고 엄마는 냉천동으로 이사 가셨다. 거기는 학교 갈 나이가 된 딸이 다닐 수 있는 안양초등학교가 있는 곳이다. 우리는 문간방에 살았는데, 마당이 있고 방문 앞에 조금 넓은 댓돌이 있어서 신발을 신고 벗기 편리했다. 신발을 벗고 나가면 옆에 부엌도 있었는데, 살아본 곳 중 최고였다. 주인집 아주머니는 안양시장에서 포목점을 하셨는데 나를 예뻐해 주셔서 가끔 맛있고 부드러운 과자를 나누어 주셨다.

안양 큰고모님과 함께

나는 안양초등학교에 입학은 했지만, 아버지께서 전주제지 회사(지금은 한솔제지로 회사명이 바뀜)로 이직하여 전주에 있는 금암초등학교로 전학 가면서 졸업하지는 못했다. 나중에 내가 경기도에서 공무원으로 일할 때 사람들은 지역 연고를 자주 물었는데, 안양에서 어린 시절을 지내고 안양초등학교에 다녔다는 사실은 상대방에게 같은 경기도 연고자임을 상기시켰다.

순식간의 실종, 미아가 될 뻔하다

나는 충청북도 보은군에서 태어나 5살 때 안양으로 이사 왔다. 고향 산골 마을에서 입던 옷을 걸치고 있는 내 모습은 도시의 아이들과 다르고 엉성했다. 어머니는 동생을 주인집 할머니에게 맡긴 채 나를 데리고 시장 옷가게로 가셨다. 내게 입힐 옷을 고르고 가격을 흥정하던 어머니가 나를 바라보았으나 방금까지 옆에 있던 아이가 보이지 않았다. 깜짝 놀란 어머니는 들고 있던 옷을 놔버린 채 나를 부르며 시장통을 헤집고 다니셨다. 나는 어디에도 보이지 않았다. 순식간에 벌어진 일에 너무나 놀란 어머니는 경찰에 신고하고 회사에 계시던 아버지까지 불러 시장 골목골목을 누비고 다니셨지만 나는 어디서도 발견되지 않았다.

시간이 가면서 점점 초조해지고 경찰에서도 나를 찾는다고 난리였는데, 몇 시간 후 박달동에 있는 파출소에서 연락이 왔다. 파출소 근처에 웬 여자아이가 울고 있어 데리고 있으니 와보라는 연락이었다. 한달음에 부모님이 달려가서 보니, 얼마나 울었는지 눈이 퉁퉁 붓고 눈물 자국으로 꼬질꼬질한 내가 서 있었다. 경찰 말로는 아이가 너무 울어서 누가 데리고 가다 파출소 근처에 두고 간 것 같다고 했다. 안양시장에서 박달동까지는 아이 걸음으로 갈 수 있는 거리가 아니다. 어떻게 박달동까지 갈 수 있었을까? 유괴 시도라도 있었던 것인지는 모르지만 다행히 울고 또 울어서 자신을 방어한 것이다. 요즘 같으면 아이가 운다고 유괴를 그만둘까? 싶은 생각에 가슴을 쓸어내린다.

성호초등학교 치맛바람

전주에서 2년을 지내고 올라와 그래도 오래 머문 곳은 아버지 직장이 있는 세 번째 도시 오산인데, 나는 성호초등학교로 전학했다. 학기말 시험이 끝나고 학기가 마무리될 무렵 전학을 온 학생을 두고 학교에서는 금암초등학교 성적을 그대로 인정할 수도 없고 난감했다. 교감 선생님은 나를 교무실로 불러 성적을 확인하기 위해 기말시험을 따로 보게 하셨다. 채점까지 마친 교감 선생님은 우등생이라고 좋아하시며 갓 구운 옥수수빵을 손에 들려 보내셨다.

나는 학급에서 부반장을 했는데, 엄마는 가끔 선생님을 만나러 오셔서 상담인지 부탁인지를 하시며 딸아이의 학교생활에 관심을 가지셨다. 엄마 덕분에 운동신경이 둔한 딸이 가을 운동회에 계주 선수로 나갔다가 우리 반이 질 뻔한 일, 강강술래 단체 무용에서 사람들 눈에 잘 띄는 중앙에 섰던 일도 있다. 또 기악부에서 단장을 맡을 뻔한 일, 무용반에 들어 탈춤을 추게 된 일은 아마도 엄마의 노력 아니었을까 생각하니 엄마가 더 그리워진다.

우리 집은 학교와 철조망 울타리를 사이에 둔 구획정리 지구에 있는 단독주택이었다. 처음 오산으로 이사 올 때는 바깥 우물 옆에 있는 건넌방을 빌려 네 식구가 살았는데, 얼마 후 아버지는 고향을 떠난 이래 처음으로 집을 장만하셨다. 방이 세 개나 되고 마루도 있고 부엌은 깊었지만 아주 넓었다. 화장실이 마당 한구석에 있었고, 그 옆엔 토끼장, 다알리아·칸나와 채송화까지 심어진 화단이 있는 아주 근사한 집이다.

난생처음 내방이 생겼고 책상도 사주셨다. 나중에 시골에서 올라와 제지회사에 다니게 된 막내 고모랑 방을 같이 사용했지만, 방의 주인은 나였다.

5살 위인 고모는 월급 받는 날이거나 기분이 좋으면 방 아랫목에 누워 '라면땅, 자야' 같은 과자를 사주었다. 나는 따뜻한 자리를 고모가 차지하는 것이 싫었지만 라면땅 사주는 고모를 기다렸다. 고모는 3교대 근무를 했는데, 엄마는 밤늦게 퇴근하는 고모를 위해 아랫목에 밥 한 그릇을 묻어두셨다. 나는 졸리는 눈을 비비며 고모를 기다렸다. 고모가 몸매 관리하느라 밥을 남길 걸 알기 때문이다. 고모가 남겨주는 밥에 김치와 고추장 참기름을 넣어 비벼 먹는 야식은 꿀맛이었다.

엄마는 빠듯한 살림에 다른 집처럼 과자를 집에 사두지 않았지만, 시장에 나가면 개수 많은 과일을 사서 먹이셨다. 한번은 토마토 정도 되는 작은 참외를 한 보따리 사 오셨다. 엄마는 우리 삼남매에게 참외를 까주시며 귀퉁이를 조금 떼어 드셨다. 우리는 왜 떼어 내냐고 항의를 했는데, 엄마는 자식들 먹이려고 당신 몫 참외를 아끼기 위해 조금 드신 것이다. 우리는 그것도 모르고 내 참외 줄어든다고 불평했다. 한참 먹성이 좋을 나이라 그랬다 쳐도 자식 생각하는 엄마 마음을 왜 그리 몰랐을까?

오산집 마당 우리가족

엄마는 방학이 다가오는 초겨울이면 그 당시 최고 인기 식품인 삼양라면을 네모난 양은 도시락에 끓여 철조망 너머 학교에 있는 나에게 전해 주셨다. 나는 교실로 가지고 가지 않고 추운 날 등나무 밑에서 뜨거운 라면을 호호 불며 먹었는데, 따뜻하고 맛있는 라면 국물은 내가 경험한 맛 중 최고의 신세계였다. 그러나 그 행복은 오래가지 못했다. 어떻게 아셨는지 라면을 먹고 있는 나를 선생님이 내려 보고 계셨다. 다 먹을 때까지 기다린 선생님은 "맛있니?" 하고 운을 떼셨다.

초등학교 교정

다음 말씀은 “다른 아이들은 교실에서 도시락 데워 먹는데, 너는 간부라는 놈이 혼자서 라면 먹으니 좋으니?”라고 하셨다. 순간 추운 날인데도 화끈거리고 얼굴에 식은땀이 났다. 몇 번 만에 끝난 라면 식도락은 그 맛을 잊을 수 없다.

학교에서 감자 크로켓 만드는 요리를 배운 후 친구들과 어울려 깔깔거리며 크로켓을 만들고 기름에 튀겨먹는 일은 둘도 없는 재미였다. 각자 집에서 감자, 밀가루, 설탕, 기름 같은 것을 한가지씩 가지고 와서 친구 집을 돌며 만들어 먹었다. 어린 시절의 낭만이랄까? 오산을 떠나온 지 한참이 지났지만, 초등학교 친구들과 웃고 놀던 때가 어제 일처럼 새록새록 하다. 그때 함께 어울려 다니던 친구 영숙이는 아직도 나의 어린 시절이 녹아 있는 마음의 고향 오산을 지키고 있는데, 내가 새하얀 눈깔사탕과 라면땅을 사려면 꼭 가야 하는 가겟집 딸이었다. 영숙이는 맛있는 사탕과 과자를 실컷 먹었을까?

고무대야 배타고 학교가는 날

70년대 초 내가 살던 집은 오산시에 있던 화성군청과 성호초등학교 사이에 구획정리사업으로 개발된 단독주택이었다. 군청을 오가는 신작로 같은 길은 주변보다 높게 반듯하게 개설되었으나, 주변에 있는 지역은 아직 개발되지 않아 지대가 낮은 논으로 남아 있거나 나대지가 많았다.

우리 집은 주택이 있는 지역이라 논바닥보다 조금 터가 높은 지역에 속했으나 여름에 비가 많이 올 때는 논물이 불어나기 시작해 대문 앞 골목에 물이 차고 마당까지 물이 들어왔다. 다행히 집안까지는 들어오지 않았다.

마당에 물이 들어오기 시작하면 어른들은 물이 마당으로 못 넘어오게 흙자루를 쌓았지만, 동네 아이들은 골목으로 몰려나와 장화를 신고 첨벙거리며 놀았다. 어린 시절 수영장이 따로 없던 시절이니, 걱정하는 어른과 달리 아이들에겐 신나는 자연 물놀이장이 생기는 것이다. 점심도 잊은 채 신나게 물놀이하며 쏘다니다 발목이 따끔거려 신발을 벗으면 거머리가 파고들어 질겁을 했다. 아이들은 거머리 떼어 내느라 법석이고 나는 내 몸에 붙은 거머리가 무서워 동네 시끄럽게 울었다. 어찌어찌 거머리를 떼고 나면 피가 멈추지 않아 더 무서웠다. 거머리 무서워 다시는 물놀이 안 할 것 같았으나 그 마음은 비만 오면 사라졌다. 온 동네가 언제 다시 놀이터가 될지 기다리는 아이들 마음에 거머리따위는 잊힌 지 오래되었기 때문이다.

성호 초등학교와 우리 마을 사이에는 철조망이 쳐있었다. 철조망 중간중간 구멍이 뚫려있어 가끔 그 구멍으로 들락거리기도 하지만 선생님이 보면 혼쭐이 날 일이다. 학교까지는 논두렁 길을 걸어 신작로까지 5분, 거기서 5분을 더 걸어가면 정문이다. 군청 앞 신작로까지 가는 논두렁은 비가 많이 오는 날이면 논과 함께 물속에 잠겼다. 논바닥은 수렁이 되어 질퍽거리고 아이들 가슴까지 차는 곳도 있어 어른들은 아이들이 논에 들어가지 못하게 했다.

학교에 가는 날은 우리 집에 있는 커다란 고무대야가 등장한다. 아버지는 논이 시작되는 위치에서 나를 대야에 앉히고 당신은 논에 들어가서 대야를 끌어다 신작로에 대 주셨다. 나는 학교에 가면서도 옷 젖을 걱정이 없는 고무대야 배를 한 번 더 탈 수 있다는 즐거움으로 신이 났다. 지금은 도시지역이 되어 볼 수 없는 풍경이지만 나의 어린 시절을 꽉 채워준 물놀이장은 가을이면 황금벌판이 된다. 벼 베기가 끝나고 나면 논바닥은 다시 아이들 차지다. 메뚜기 잡기 놀이가 시작된다. 나는 메뚜기가 그렇게 많은 논을 보지 못했다. 아버지와 잠자리채를 들고 메뚜기를 잡아 피 줄기에 꿰오면 엄마는 빠삭하게 구워 간식거리로 만들어 주셨다. 논바닥이 얼어붙기 시작하면 한 귀퉁이에 썰매장이 생긴다. 동네에 무료 썰매장이 등장하는 것이다. 큰 아이들은 돈을 내고라도 큰 썰매장이 있는 오산천으로 진출했지만, 작은 아이들은 동네에 생긴 작은 썰매장이라도 좋았다. 친구들과 시린 손을 호호 불며 보낸 어린 날의 기억이 새롭게 떠오른다.

경제개발이 진행되면서 화성군 오산읍은 1989년 1월 화성군에서 독립해 오산시로 승격됐다. 인구도 많이 증가해 2021년 말 기준 23만 명이 넘는 중규모 도시로 성장하고 있다. 교육도시 오산이 더 매력 있고 멋진 도시로 변신해 가는 걸 상상하는 건 나의 또 하나의 행복이다.

오산천
썰매와 스케이트

나는 공무원이 되어 경기도 기술감사계장으로, 일하며 화성 군청이 있던 오산으로 감사를 나갔다. 어릴 적 내가 살던 집이 그리워 점심시간을 틈타 화성 군청 옆에 있던 마을을 둘러 보았지만, 집들이 재건축되어 새로운 풍경이 됐다.

'대략 여기쯤일까?' 어린 시절을 떠올리며 사무실로 돌아오는 마음이 허전했다. 다행히 우리 마을 옆에 있던 성호초등학교는 주변 건물이 늘고 커졌어도 위치는 그대로 있어 우리 집이 있던 위치를 가늠해 볼 수 있었다. 지역의 랜드마크란 이런 것인가 보다. 그러나 내가 살던 어린 시절의 흔적, 집·골목은 사라지고 없었다. 슬픈 일이다.

아버지는 손재주가 좋으셨는데 어느 겨울엔 앉은뱅이 썰매와 지팡이를 만들어 주셨다. 아버지는 두 아이의 손을 잡고 오산천 스케이트장으로 가서 놀게 하셨다. 아버지가 만든 내 썰매는 날을 갈아 씽씽 잘 나갔다.

어느 날은 스케이트를 빌려서 탔는데, 신발이 크기도 했지만 무서움이 많던 나는 넘어지지 않으려고 엉거주춤 구부리고 탔다. 스케이트 날도 비스듬히 기울인 채 타다 보니 친구들 보다 잘 달리지 못했다. 아버지는 스케이트 날 새우라고 성화를 대셨지만, 운동신경이 둔한 나는 끝까지 날을 똑바로 새우지 못했다.

오산을 떠나면서 스케이트는 한동안 잊고 살았는데, 내가 스케이트를 제대로 타게 된 건 내 아이들과 함께 스케이트 배우러 다닐 때쯤이다. 내 발에 꼭 맞는 피겨스케이트를 타기는 쉽기도 했지만, 오산천에서 아버지에게 배운 스케이트 실력이 살아난 덕이기도 했다. 아버지! 이젠 저 스케이트 잘 타고 있어요.

오산천은 새로 개발된 화성시 '동탄2 신도시'의 좌측에 위치하

현재의 오산천

여 남북으로 흐르고 오산시로 접어들면 남남서진하며 시내를 지나 평택시 진위천으로 합류되는 하천이다. 오산시를 관통하는 이 하천은 오산시의 중장년 시민에게는 여름에는 물놀이하고 겨울에는 스케이트도 타며 사시사철 즐거움이 있는 놀이터였다. 어린 시절의 향수가 남아 있는 내 마음 한쪽에도 오산천에 대한 낭만이 남아 있다.

세교신도시를 비롯해 오산시의 서북쪽 도시 개발이 추진되면서 오산천은 더욱 도시의 중앙을 지나게 되며 시의 중요한 자연 자원이 됐다. 오산시는 이 하천에 시민들이 찾아가 정서 순화와 함께 쾌적한 환경을 즐길 수 있게 하고자 하천의 생태회복과 친수 시설 설치에 노력하고 있다. 어릴 적 보았던 깨끗하고 구불구불한 오산천은 다시 돌아올 수 있는 것일까?

현재의 오산천

오산여중에 입학하다

오산 여중은 오산의 전통 있는 여학교다. 나는 철길 건너에 있는 중학교에 가면서 보이는 계성 제지를 우리 아버지가 다니는 회사라고 친구들에게 자랑했다. 중학교 생활은 여학생끼리 조그만 것에도 웃고 떠들고 신이 났다. 공부도 하지만 자수 실습이며 바느질 등 가정 과목을 배우는 것은 재미있었다. 재미있는 가정 숙제를, 엄마는 '하는 것만 알면 되었다'라며 그 시간에 공부하라고 내 자수 숙제를 대신해 주셨다. 나도 잘 할 수 있는데.

체육 시간은 즐겁지만, 체육복 때문에 온전히 즐기지 못하고 쭈뼛거렸다. 친구들은 대부분 체육복을 매점에서 샀는데, 옷감이 톡톡하고 제법 두꺼워 옷이 흐늘거리지 않았다. 반면 나를 포함하여 몇몇 아이들은 얇아서 흐늘거리는 옷감으로 만든 체육복을 입었는데, 시장에서 조금 싸게 산 것이다. 사춘기가 시작되어 가슴이 나오기 시작하던 때라 이 체육복을 입으면 가슴이 도드라져 보이고 싫었다. 엄마에게 불평했지만 새로 사줄 턱이 없었다.

오산여중 교정에서 담임선생님과 함께

체육 수업시간에 자전거 배우기가 시작됐다. '자전거를 타고 운동장을 한 바퀴 돌아오면 통과'였지만 둔한 나는 자꾸 넘어졌다. 아버지는 차가 별로 없는 화성 군청 앞 넓은 신작로로 나를 데리고 나가 쌀 싣는 아버지 자전거에 나를 태워 가르치셨다. 나는 몇 번을 해도 조금 가다 쓰러졌다. 몇 날 며칠을 계속해도 달리지 못하자 아버지는 "계집애가 엉덩이나 넓어지지 무슨 자전거냐고" 가르치는 것을 멈추셨다. 그러나 나는 학교 운동장에서는 넘어지지 않고 자전거 시험에 통과했다. 아버지의 큰 자전거가 아니라 중학교 여학생의 몸에 맞는 자전거였기 때문이다. 나중에 내가 수정구청장이 되었을 때 자전거를 타고 탄천 고수부지 점검을 나갔었는데, 내 몸이 중학교 다닐 때 배운 자전거 타기 기술을 기억하고 있는 것에 깜짝 놀랐다.

수정구청장이 직원들과 탄천 고수부지 점검

엘리트 여상이 아닌 일반 고등학교 추첨

나는 중학교 3학년 때 서울에 있는 성산여중으로 전학했다. 전학한 지 며칠 만에 중간고사를 보았는데, 100등이 넘어간 성적표를 보고 깜짝 놀랐다. 담임선생님은 "오산여중에서 공부 잘한 거 맞아?"라고 묻기도 하였는데, 나는 쥐구멍이라도 있으면 들어가고 싶었다. 나는 오산여중의 명예를 위해서도 기를 쓰고 공부했고, 다음 시험에서는 다행히 10위권으로 진입할 수 있어 안도했다. 그렇게 성적을 유지해도 서울에는 공부 잘하는 친구들이 많아 한 번도 1등을 한 적이 없다.

고등학교 진학이 시작되니 공부 좀 하는 친구들은 서울여상에 시험을 본다고 분주했고, 나도 여기에 끼고 싶었다. 안양 고모부 집에서 학교에 다니던 나는 고모부에게 여상에 가는 것을 의논했는데, 고모부는 "일반고 가는 것이 좋지 않니?"라고 조언하셨다. 인생을 길게 보고 추첨제지만 일반 고등학교에 가야 하는 이유를 설명하셨다. 나는 고모부의 의견대로 추첨결과에 따라 홍익여자고등학교로 배정받았다. 그때 여상에 갔다면 지금 무슨 일을 하고 있을까? 기업에서 회계전문가가 되었을 것이다. 지금껏 공무원이 되어 일할 수 있었던 것은 일반고등학교를 거쳐 대학에서 전문분야 공부를 한 덕분이다. 미래의 일에 대해 잘 모르던 내게 길 안내를 해준 안양 큰 고모부님께 감사드린다.

홍익여자고등학교는 홍익대학교와 같은 정문을 사용하며 한 울타리 안에서 구역을 달리해 사용한다. 호기심이 많을 나이인 여고생들은 점심시간이면 대학생은 어떻게 생활하는지 궁금해 조금 높은 지역에 있는 대학 캠퍼스를 기웃거리곤 했다. 미대가 강세인 홍익대학교 학생들이 교정에 펼쳐 놓은 이젤 속 그림을 보는 것은 공부만 하는 여고생들에겐 하나의 재미였다.

홍익여고는 한 학년이 10개 반인데 그중 2개 반이 이과반이다. 나는 이과를 선택해 공부했다. 문과를 선택한 친구 정순이는 불어를 잘 구사했다. 친구들은 공부도 하지만 무용을 잘하는 친구, 웅변을 잘하는 친구, 친화력이 좋은 친구 등 저마다의 특징이 있었으나 나는 별다른 취미도 없고 잘하는 특기가 없는 그저 밋밋하기만 한 여학생이었다. 학교와 집을 오가며 시간을 아낀다고 흔들리는 버스 안에서 책을 보는 바보이기도 했다.

학교 근처 서교동은 큰길에서 한 블록만 들어가면 고급 단독주택이 모여 있는 부촌이었다. 몇 명씩 또는 단독으로 과외를 하는 친구들이 있어 친구 집에 한 번 따라갔던 적이 있었는데, 벽면에 큰 유리가 달린 무용실이 있고 복도를 지나며 방문이 몇 개나 있는 멋있는 집을 보고 입이 다물어지지 않았던 기억이 난다. 여유가 없던 우리 집 형편에 과외는 염두에 둘 수 있는 것도 아니어서 방학 때면 종로에 있는 학원 수강증을 끊는 것이 내가 선택할 수 있는 학습 보충 카드였다. 학원을 마치고 나오는 길에 화신백화점 지하에서 먹는 단팥튀김소보로 빵은 매일같이 나를 학원으로 가게 했다.

그렇게 학교에 다니며 공부했지만 늘 어렵기만 했다. 그러나 3학년 2학기에 들어서면서 시간만 있으면 무엇이든 할 수 있겠는데 시간이 부족하다는 생각으로 바뀌었다. 커다란 변화였다. 시간을 허비한 것도 아니지만 나만 시간이 부족한 것 같고 빠르게 흐르는 시간이 야속했다. 시간이 흘러 대학시험을 치르고 다행히 어느 정도의 점수를 받아 상위권 학교에 갈 수 있었는데, 모자라는 시간을 압축해서 사용한 내게 행운이 찾아왔었다는 생각이 든다.

1-2

젊음과 낭만의 대학생활

여자가 공대?
재수하라는 아버지

고3 생활 마무리와 함께 예비고사를 치른 후 본고사 준비가 한창일 때, 대학별로 특차 합격자 발표가 나기 시작했다. 나는 고려대학교 공대 특차에 지원했다. 특차는 당시 대학별 입학정원의 10%를 본고사 시험을 보지 않고 예비고사 성적을 기준으로 미리 뽑는 제도였다. 지금으로 치면 수시모집과 유사한 제도였다. 혹시나 하며 기다리던 차에 합격자 통지를 받고 본고사에 대한 중압감이 한순간에 사라졌다.

당시 나는 집에서 나와 할머니와 함께 서울시 시흥에 살고 있었는데, 한걸음에 오산 집으로 가서 아버지께 자랑과 함께 합격 사실을 알렸다. 축하한다는 말을 듣고 싶었는데, 아버지는 한동안 말이 없으시더니 "계집애가 공대는 뭔 공대야?"라고 소리를 치셨다. 당시 공대는 남자들의 전유물이었고, 아버지의 생각도 같은 거였다. 그러시면서 "재수해서 이화여대 가던지, H대 2차 시험 다시 봐"라는 말을 덧붙이셨다. 나는 속상한 마음에 뒤도 안 쳐다보고 시흥동

집으로 되돌아왔다.

한 번도 큰소리 없이 딸을 응원하시고, 오산에서 서울로 기차 통학할 때는 쌀 자전거 뒤에 나를 태워 오산역까지 실어 나르시던 아버지였는데 이렇게 노여워할 일인가 싶고 이해가 되지 않았다. 아버지의 생각과 달리 나는 이미 공대 화공과를 가겠다는 마음이 굳어 있는 터였다. 공군 파일롯 출신으로 예편 후 화학을 가르치시던 잘생긴 이영순 고3 담임 선생님의 영향이 컸다. 아버지가 크게 화는 내셨지만, 그 후 시흥동까지 오셔서 나를 말리지는 않으셨고, 마음이 공대로 기울어진 나는 본고사 부담을 털고 고집대로 고려대학교 공대에 입학했다.

고려대학교 도서관(https://www.korea.ac.kr)

공대 신입생
여학생은 단 3명

대학교 생활은 모든 것이 새롭고 신기했다. 여중, 여고 생활을 하다 남녀가 섞여 생활하는 것이 가장 큰 변화였고, 신학기에는 아는 사람이 하나도 없어 여간 어색한 것이 아니었다. 반은 여덟 반으로 편성되었는데, 특차 합격자들은 모두 8반에 모여 있었고 고등학교에서 바로 올라오다 보니 나이가 거의 비슷했다. 8반 여학생은 나 말고 한 명이 더 있었고, 공대 여학생은 다른 반 한 명까지 더해 모두 3명이었는데, 지금과는 달라도 너무 다른 풍경이다.

남학생과 생활을 해본 적이 없던 나는 같은 반 여학생 미경이와 잘 어울렸다. 둘이 어울려 다니다 남학생 5명하고도 친하게 되어 일곱 명이 잘 어울렸다. 우리는 만나자는 약속이 없어도 중앙도서관에 가면 볼 수 있었다.

신입생 때는 대부분 고등학생 때의 구속에서 벗어나 공부보다 친교와 서클 활동에 열을 올리곤 했는데, 우리는 서클 보다 숙제 잘하고 학구열이 있는 친구들이었다. 자연스레 다른 친구들 사이에서 이름이 붙여졌는데, '공대 도개파'였다. '도서관에서 개기는 파' 라나? 점차 학교생활에 재미가 붙고 당시 유행하던 춘천행 열차를 타고 강촌 등으로 캠핑도 다니며 다시 오지 않을 꿀맛 같은 대학 생활을 즐겼다.

7명의 대학교 친구

내 인생의 짝을 만나다

대학 1학년을 마무리하는 시험이 있었는데, 옆 반에 있던 지금의 남편과 같은 교실에서 시험을 치렀다. 끝나고 시험문제를 풀어보며 낑낑거리고 있는데 공부 잘하던 남편이 훅~ 치고 들어왔다. 그날은 그냥 그렇게 지나갔고, 도서관에서 몇 번 눈인사 하는 정도로 일학년이 끝났다.

2학년이 되었고, 나는 대학입학 할 때 목표와 달리 건축공학과를 선택했다. 도개파 7인은 화공과 두명, 전자과 한명, 재료과 두명, 기계과 한명, 건축과 한명으로 뿔뿔이 흩어졌고, 군대 가는 사람도 있고 점차 과별로 생활하다 보니 만남이 줄어들었다. 그때 건축공학과를 선택하여 내 눈앞에 나타난 남편을 보고 나는 깜짝 놀랐다.

건축공학과는 60명으로, 두 반으로 나뉘어 공부했는데, 남편은 1반, 나는 2반이었다. 통합 반 수업도 많아서, 우리는 열심히 붙어다니며 다른 친구들의 눈꼴을 사납게 했다. 나중에 안 일이지만 건축과 여학생은 대개 복학생하고 결혼했는데, 새로 들어온 나는 같은 학번끼리 어울려 다니니 선배들 사이에서 곱게 보이지 않았다고 한다.

졸업반이 되면서 점차 설계 실습량이 늘고 나는 체력이 떨어져 숙제하기도 벅찼다. 남편은 실습 때면 자기 것을 얼른 해놓고 내 것도 완성해 주었다. 한번은 설계 점수가 나왔는데, 오리지널 작품 남편 것은 B, 모조품 내 것은 B+여서 보통 미안한 것이 아니었다. 그도 그럴 것이 자기 것은 얼른 하느라 바빴을 거고, 두 번째 그리는 내 것이 더 세련되게 표현된 것은 당연했을 거였다. 남편은 화난 티 없이 "그럴 수도 있지"라고 했다. 지금 생각해보면 그때부터 작업 중이었던 것은 아닌지 모르겠다.

대타 미팅,
밤 벚꽃놀이

믿을는지 모르지만, 나는 지금까지 살면서 대학교 2학년 때 딱! 한번 미팅을 했다. 그것도 사전에 약속된 것이 아니라 갑자기 참석하지 못하는 친구 대신 자리를 메우는 거였다. 학교 앞 다방에서 짝을 짓고 마주 앉았는데, 당시 여드름이 많아 울긋불긋하고 촌스러운 나를 만난 상대는 실망한 눈빛이 완연했다. 그래도 상대는 다 함께 창경궁으로 벚꽃놀이를 함께 가 주어 남자와 처음으로 밤 벚꽃놀이 데이트를 했다. 나쁘지 않았지만, 그 친구는 다시 만나자는 이야기를 꺼내지 않았고 그걸로 내 평생 미팅은 끝났다.

1학년 때는 도개파와 어울려 다니느라 그랬고, 2학년 되어서는 지금의 남편이랑 데이트하다 보니 미팅은 나와 관계없는 일이 되어 버렸다. 세월이 한참 지나서 보니 미팅은 대학문화의 꽃인데 어느 정도는 즐겼어야 하는 것 아닌가도 싶다.

여학생이 없는 건축공학과

2학년이 되어 건축공학과 수업을 듣게 되었다. 입학 당시는 생각해 본 적이 없던 건축공학과로 진학한 것은 이상한 선택 과정이었다. 1학년 연말쯤 과를 선택하는데, 입학할 때 목표였던 화공과 생각보다는 누가 어디로 가는지가 더 눈에 띄었다. 도개파에 있던 친구들이 선택한 과를 피하고 남은 과 중에서 선택한 것이 건축공학과였다. 지금 와서 생각해보면 왜 그렇게 주도적이지 못했는지 알 수 없다.

79학번 건축공학과 동기 중 여학생은 혼자였다. 학과에서는 3년 만에 여학생이 들어왔다고 교수님도 조교도 환영했다. 그러나 어딜 가도 눈에 띄고 이래저래 이야기에 오르내렸고 불편한 점도 많았다. 그래도 꿋꿋하게 잘 적응하고 남편의 직접적인 도움도 있어 졸업할 때까지 후일 정수장학회로 명칭이 바뀌는 '5.16 장학회' 외부장학금을 받게 되었다. 5.16 장학금은 5.16혁명 후 환수한 자금을 재원으로 한 장학금으로 한 학기 학비를 내고도 조금 남아 책 몇 권은 살 수 있는 좋은 장학금이었다. 엄마는 딸에 대한 기대를 더욱 키우셨고, 함께 학비에 대한 걱정도 줄어서 주변 사람에게 자랑하고 다니셨다.

나의 대학 생활은 참 단조로웠다. 수원과 안양 집에서 안암동까지 전철로 통학을 했다. 지금 같으면 힘들다고 구시렁댈 거리지만 학교에 가면 도서관 자리를 맡고 나를 기다리고 있는 CC(Campus couple)인 남자친구 덕에 차를 몇 번씩 갈아타도 힘든 줄을 몰랐다. 도서관과 강의실에서 공부하며 데이트하고, 아주 가끔 바다를 보러 가며 4학년 졸업반이 되었고 취업 시즌에 들어갔다.

지금보다는 취업환경이 좋아서 대학을 졸업하면 대부분 취업이 되는 시기였지만, 그래도 좋은 회사는 취업 시험 경쟁이 치열했다. 학과장 교수님의 추천서가 있으면 시험 없이 합격이 되는 제도가 있었는데, 나는 내심 추천서를 기대하고 있었다. 마침 학과장 교수님이 나를 찾는다고 해, 추천서 이야기를 기대하면서 교수님 방으로 들어갔다.

교수님의 첫마디는 "이군! 자네, 교수 추천서 받아야 하나?"였고, 다음 말씀은 "자네는 시험을 봐도 합격할 건데, 추천서를 복학생한테 양보하면 어떤가?" 였다. 그날 갑자기 훅~ 들어온 교수님의 말씀에 한마디를 못한 채 돌아 나왔고, 나는 그날로 취직시험 공부를 해야 했다. 결과적으로는 나는 시험을 봐서 합격했고, 복학생 선배는 추천서를 갖고 합격하여 학교로 봐서는 1석 2조를 얻은 셈이었지만, 모든 시험이 그렇듯이 발표할 때까지 가슴 졸인 나의 사정을 누가 알까 싶다.

1-3

세상으로 나오다

세상으로 나오다

현대건설 입사,
귀찮은 여자 직원들

대학을 졸업한 그해 신입사원 공채 시험을 거쳐 현대건설에 입사했다. 다 자란 알이 부화하여 스스로 세상으로 딛는 첫걸음이다.

전체 입사자는 1000명이 약간 안 되는 규모였고 그중 여직원은 일곱 명이다. 신입사원 신규교육이 오리엔테이션을 겸하여 광화문 근처에 있는 연수원에서 있었는데, 근사한 시설과 공짜 뷔페 점심은 특히 맛이 좋았다. 나는 그때 사랑니를 빼고 치료 중이었는데, 입이 잘 벌어지지 않는 걸 깜빡하고 맛있는 반찬을 한가득 담아왔다. 먹지도 못하고 많이 남긴 밥과 반찬을 버리는 데, 옆에서 있던 감독관은 나의 남은 밥을 보며 핀잔을 주었다. 식탐으로 혼나는 나는 주변의 동료들 보기도 창피하여 얼굴이 홍당무가 되었다.

교육 후 나는 '해외 건축 설계실'에 소속되어 '건축구조 계산 팀'에 배치되었다. 학교에서는 예상문제로 풀던 구조계산을 실제 건물의 구조 안전성을 담보할 수 있는 구조계산으로 확인해야 한다는 부담이 컸다. 신입사원에게는 소규모 건축물의 구조계산이 배당됐지만 힘들었다. '설계팀'에서 설계를 하기도 했는데 대학원에서 건축계획을 전공하던 터라 여러모로 도움이 되었다.

함께 입사한 여자 직원들과 자주 어울렸는데, 우리의 처우가 남자 직원의 90%라는 걸 알고 놀랐다. 이것은 매년 누적되어 시간이 갈수록 차이가 더 벌어지게 되는데 우리는 관리부에 올라가 여러 차례 개선해 달라고 건의했다. 또 한 가지 부당하다고 생각한 것이 있다. 당시 회사에서는 여자 직원들이 결혼하면 회사를 그만두게 하고 회사에서 꼭 필요한 사람은 촉탁 사원으로 재입사 과정을 거치게 했다. 이것은 현대건설에 다니는 여자 직원들 모두에게 해당됐지만 말하기 좋아하는 우리 동기들은 또 관리부로 갔다.

지금 같으면 남녀 차별로 어림없을 일이지만 당시 회사에는 노조가 있지도 않았고 문제를 제기하는 우리가 이상한 사람들이다. 관리부에서 보면 우리는 참 귀찮은 여자 직원들이었다. 관리부를 들락거리며 비로소 회사의 주요 경영사항에 결정권이 있는 사람, 부서를 알게 되었다. 그동안 각 분야에서 주어진 일을 하는 것은 알았지만 각 부서의 일을 모아 어떻게 평가하고 어떻게 의사결정 되고 있는지는 관심도 없고 잘 알지 못했다. 그런데 관리부 사람들과 이야기하면서 회사의 시스템과 성과 관리 체계를 알고 일하는 것이 중요한 것이라는 것을 알게 되었다. 나는 건축공학과가 아니라 산업공학과나 경영학을 공부했어야 하는 것 아니었을까? 처음으로 전공과목에 대해 깊게 생각하게 되었다.

맹장염이
복막염으로

회사 생활은 무난했다. 불공평한 것이 좀 있지만, 대기업에서 처음 받아보는 제법 많은 월급과 4급 정규직 사원의 매력은 나쁘지 않았다. 동료들과 선배들과 어울려 일을 배워 나갔고 일이 손에 익게 됐다.

회사 근무를 하던 중 배가 아파서 병원을 찾게 되었는데, 의사는 약을 지어주며 '약 먹고도 계속 아프면 병원에 오라'고 했다. 다음 날은 일요일이라 따뜻한 방에 엎드려 있는데 배가 참을 수 없을 만큼 아팠다. 엄마는 안양에서 서울까지 거금을 쓰며 택시를 불러 타고 병원으로 나를 데리고 가셨다.

응급실에 도착했으나 병원에서는 이것저것 검사를 하며 시간을 끌다 저녁 시간이 다 되어 수술실에 들어갔는데 맹장이 이미 터진 후였다. 마취가 시작되었고 옆에선 의사들이 "야~ 빨리하고 밥 먹으러 가자!" 하는 소리가 다 들렸다. 순간 생명 존엄보다 일거리로 보는 의사의 심리에 화가 났다. 맹장이 터지기 전에 손을 썼으면 며칠 만에 회복할 수 있었을 텐데, 아침부터 아프다는 환자를 검사한다고 저녁까지 끌고 다니다 수술한 자리는 꿰매지도 못한 채 수술이 끝났다. 일주일이나 지나서 벌려 놓았던 배를 꿰매었으니 지금도 수술한 자리가 우툴두툴하다. 엄마는 아가씨 배를 이렇게 하면 어떡하느냐고 항의했지만 이미 쏟아진 물이었다. 장 유착까지 발생하여 거의 한 달을 입원했다.

아프지만 한 가지 좋은 일은 울진에서 직장생활 하던 남편이 병실에 자주 와 있어 우리는 결혼도 하지 않고 병원에서 붙어 지낸 것이다. 엄마는 덕분에 남편과 교대하며 쉴 수 있었다. 또 옆에서 병간호하는 남편을 좋게 보아 결혼 승낙을 하는 계기가 됐다. 내가 병원을 퇴원하자 모두 각자의 자리로 돌아갔다. 나는 회사로, 남편은 울진으로, 엄마는 살림하러.

갑작스런
건설회사 실직

나는 첫 직장 현대건설에서 3년 4개월 만에 갑자기 퇴사하게 되었다. 구조계산실과 연구실 그리고 설계실까지 잘 적응하며 신입사원의 때깔을 벗어나고 있던 어느 날 창가에 앉은 부장님이 나를 부르는 소리가 들렸다. "미스리~미스리~" '나를 부르나?' 나는 속으로 생각하며 뒤를 돌아보았다. 부장은 나를 보고 와보라고 손짓을 하고 있었다. 부장 자리 옆에 의자를 끌어다 앉았는데 "미스리, 입사한 지 얼마나 됐지?"라고 부장이 물었다. "3년 4개월입니다"라고 대답한 후에도 부장은 말을 돌리고 있었다. 결국, 마지막 말은 "현대종합목재로 가지 않을래?" 였다. 현대종합목재는 현대그룹의 계열회사로 당시 노태우 대통령의 '200만 호 주택건설사업'의 아파트에 가구를 공급하고 있었기에 하루가 다르게 성장하고 있는 회사였다.

반면 현대건설은 '중동발 2차 오일쇼크(1978년 말부터 이란의 석유 수출 정지에 기인한 석유수급의 긴박, 가격상승, 세계 경제의 혼란을 말함)'로 인해 해외에서 무더기로 귀국하고 있는 근로자들을 국내 회사에서 다 소화하지 못하고 있었다. 귀국한 근로자들은 회사 지하에 있는 넓은 대기실에 개별 책상도 없이 3개월쯤 대기하게 되었고, 그때까지 부서에 배치되지 않으면 퇴직 절차를 밟는 등 회사는 감원으로 어수선했다. 나도 감원 대상에 있었던 것 같다. 결혼하지 않아 부양할 가족이 없고, 인사고과는 밑바닥이며, 결혼하면 그만두어야 할 여자 직원이었다.

나는 부장의 말에 생각해보겠다고 자리를 피해 나왔지만, 생각하지도 않고 있는 다른 회사로 가라고 하는지 화가 나고 부글거려 일이 손에 잡히지 않았다. 다음날 부장에게 불려간 나는 "그만두겠습니다"라고 마음속 화를 그대로 전달했다. 회사로서는 군말도 없이 스스로 그만둔다니 목표 하나를 해결한 셈이라 아무 말 없이 퇴사처리를 했고, 나는 그대로 실직하고 말았다. 돌이켜 생각해보면 회사도 사정이 있어서 나를 계열사로 이동시켜 실직은 면하게 해주려 했을 텐데, 알량한 나의 자존심이 모든 걸 바꿔버렸다. 지금처럼 고용보험 제도가 있어서 실직수당을 받는 것도 아니었고 갑작스러운 실직으로 엄마의 눈치도 봐야 하는 실업자의 생활이 기다리고 있었다.

집에서 일없이 쉴 수 있는 기간은 길지 않았다. 두 달쯤 지나며 퇴보하는 것 같은 내가 어떻게 살아가야 할지 막막했다. 그러던 차에 나보다 1년 먼저 그만두고 나간 현대건설 입사 동기 친구를 만나러 갔다. “요즘 뭐해? 시험 준비는 잘 되고 있어?” 주택공사 입사 준비를 한다고 퇴사를 한 게 생각나서 내가 물었다. “아니야, 그만두고 지금은 ‘공무원 시험공부’ 하고 있어~” 라고 친구가 대답했다. “응? 그게 뭐야?” 우리의 대화는 이어졌고, 나는 그만 “나도 같이 준비해도 될까?”라고 친구가 얼마나 난감했을지 모를 질문인지 부탁인지를 했다. 망설이던 친구는 조금 생각하는 듯하더니 같이 하자고 했다.

밥 한 그릇 대접받고 갑자기 시험 경쟁자를 들인 꼴이 되었으니 얼마나 부담이 되었을지 상상이 간다. 나는 친구의 도움을 받아 함께 시험 준비를 했고, 그해 늦여름 1차 시험에 합격하고 다음해인 1987년 2차, 3차 시험까지 우리는 나란히 합격했다. 정말 다행이었다. 둘 중에 누구 하나, 특히 내가 합격하고 친구가 떨어지는 상황이 발생했다면 친구에게 뭐라 할 것인지 난감했을 텐데 천만다행이다.

갑작스러운 실직으로 방황하던 내게 그날 친구로 다가와 준 도로공사 김진숙 대표에게 고마움을 전한다. 실직은 나의 인생에 커다란 전화위복의 기회를 만들어 주고 멀리 날아갔다. 누구든 깜깜한 터널이라도 용기를 갖고 다시 도전해 더 빛나는 나만의 고속도로를 만나기를 응원한다.

임신한 교육생의 성적, 경기도와 인연을 만들다

올림픽이 있던 1988년 4월 총무처에서 운영하는 국가공무원 교육원에서 사무관 임관 교육이 시작됐다. 입덧이 가라앉기는 했지만, 엄마는 아이가 어떻게라도 될까 걱정을 했고 교육받을 때 조심하라고 신신당부했다.

그때는 임신한 것이 자랑이 아니라 나는 임신했다는 이야기를 교육원에 하지 않았는데, 교육장에서 졸고 있거나 팀워크 훈련한다고 관악산 등산이라도 하는 날이면 아프다는 핑계로 팀을 이탈하던 나의 교육 성적이 좋을 수가 없었다. 교육 후반부에는 체육부의 '88올림픽 조직위원회'로 파견을 나갔다. 배가 불러오면서 동기들이 나의 임신을 알아차리게 되었고 덕분에 짬짬이 쉬어가며 시설을 점검하러 다녔다.

우리는 기술직이라 기술운영본부에서 시설 점검하는 일을 했다. 88올림픽 개막행사 리허설 점검도 우리 일이었는데, 대한민국의 국운이 열리는 세기의 쇼를 개막일 전날 미리 볼 수 있었다. 그것도 나의 몸 안에 자라고 있는 딸아이와 함께. 올림픽이 끝나고 부서 배치가 진행되었다. 시험성적과 교육 성적의 산술평균을 내고 성적순으로 부처 선택권이 주어졌다. 나는 예상대로 교육 성적이 안 좋았고 합산성적 순위가 4위였다. 1위가 당시 가장 승진이 빠르다는 서울시를 선택했고, 2위는 지금의 국토부를 선택했다.

3위에서 5위는 선택권 없이 내무부로 결정되었다. 임신하지 않았다면 어떻게 되었을까 생각해보지만, 인생에 '했다면?'이라는 가정은 없는 것이고 내무부를 통해 경기도로 가는 것은 어찌 보면 아이를 통해 이미 결정되어 있었던 것은 아닌지 자못 궁금해진다.

내무부로 배치되어 출산휴가를 다녀오니 인사 부서에서 경기도 전출 동의를 요구했다. 총무처 시험을 보고 국가공무원이 되었는데 왜 지방공무원으로 전출하라고 하는지 이해하기 어려웠다. 나중에 안 것이지만 내무부 자원은 중앙과 지방 교류가 빈번하게 있는 일이다. 국가의 시스템이라는 말에 전출 동의를 하고 1989년 1월 나는 동기 3명과 함께 경기도로 출근했다.

2

주택·도시 행정이야기

경기도 이야기

국도교통부 이야기

2-1

경기도 이야기

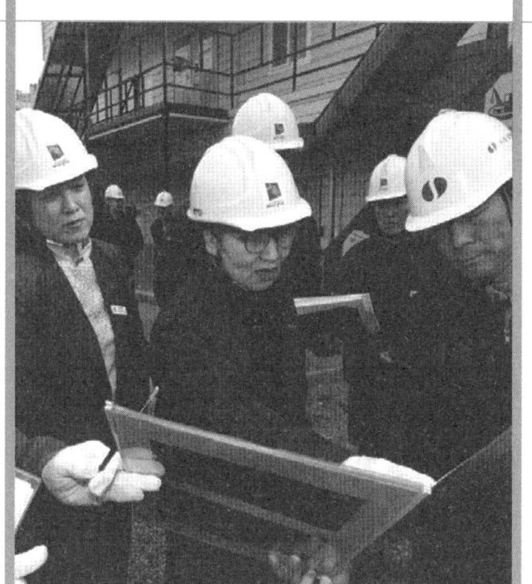

공직의 첫걸음, 경기도에서

입사 2년 3개월 만에 보직을 받다

1988. 4. 18 공무원이 되고 1년 수습과정을 거쳐 89년 4월 정규직 공무원이 되었다. 출산을 하고 2달 출산휴가도 채우지 못한 채 당시 내무부로 복귀했고, 1월 지방 전출 동의 후 경기도로 오게 되었다.

경기도로 함께 배치된 동기는 7명이다. 우리는 각자 배치된 부서에서 선배 계장 옆자리에 앉아 잡다한 지원업무를 하면서 정보를 교류하고 누가 무슨 보직을 받는지가 관심이었다. 나는 기술직 건축기좌(지금의 건축사무관)로서 갈 수 있는 자리가 많지 않다 보니 다른 행정직 동기가 보직을 다 받아 나가도 언제쯤 보직을 받을지 기약이 없었다. 1년도 넘게 기다린 끝에 기술심사담당관실 심사 2계장으로 명령이 나서 드디어 독립하게 되었다.

첫 보직을 받으니 공무원이 되었다는 실감을 할 수 있었다. 이곳에서는 큰 건축물과 하수처리장·분뇨처리장과 같이 시장 군수가 추진하는 도시기반시설을 건설할 때 사전에 도(道)에서 전문가들과 함께 도면을 검토하고 심사 승인하는 일을 한다. 대학에서 건축공학을 공부한 터라 건축물은 익숙하게 눈에 들어왔다. 그러나 하수처리장과 같은 시설의 도면은 처음 접하는 것들이어서 시간이 배로 걸렸다. 내게는 전문가들과 함께 현장을 둘러보고 설계 도서를 점검하며 도시계획이나 토목 플랜트 시설에 대한 전문성을 갖추게 하는 기회가 되었다. 생각해보니 후일 내가 건축 분야보다는 도시계획이나 신도시개발 분야 등에서 더 일하게 되는 출발점이었던 것 같다.

직원은 분야별로 도면을 검토해야 했기에 건축, 토목, 기계, 임업 각 1명에 나까지 모두 5명이었다. 계장이 되었지만, 직원들은 모두 나보다 경험도 많고 나이도 많았다. 내가 발령이 났을 때 직원들의 마음이 어땠을지 짐작된다. 처음 공무를 처리하다 보니 서툴고 모르는 것이 많았다. 당시 계원 중 나이가 45세인 임업 분야 권창택 주무관은 내가 공무에 익숙해지도록 구체적으로 도와주었다. 예를 들면, 다른 부서의 간부들까지 참석하는 회의가 있을 때 거론될 이야기들을 미리 생각해 내가 상황에 맞게 적절히 발언하고 대응하도록 사전 설명을 했다. 내가 기분 나쁘지 않도록 신경을 써가며 코치했다. 덕분에 나는 아주 빠르게 공무가 처리되는 시스템을 익힐 수 있었다. 아마 공직생활 중 생각나는 고마운 사람을 손꼽으라면 꼽힐 사람이다.

한번은 직원들과 가까운 산에 등산을 갔었는데, 나는 사정이 생겨서 세 살이던 큰아이를 데리고 갔다. 아이가 있다 보니 차츰 뒤로 처지게 되었는데, 그 직원은 아이를 업고 산에 오를 정도로 내게 정겹게 대해주었다. 공직을 그만두고 나서도 가끔 들러 소식을 들려주니 얼마나 고마운지 모르겠다. 아직 활동하고 있지만 벌써 70 중반을 넘어가니 세월이 야속하기도 하다. 워낙 건강하게 자기관리를 잘하는 분이지만 건강한 노후를 보내시기를 기대하고 있다.

여자라서
의심받는 보직

심사 2계장을 마냥 할 수는 없는 일이었다. 2년이 되어 가면서 내가 갈 수 있는 다른 보직에 변동요인이 있는지 살폈다. 주택과에 건축관리계장이 승진하여 주택과장이 되면서 건축관리계장 자리가 비게 되는 것을 확인했다.

인사 부서는 나의 전보 희망 의사를 알고 있었지만, 과연 시군을 지도점검하고 민간회사 행정처분까지 하는 자리에 여자인 내가 적합한지 의문을 제기하면서 건축관리계로 전보 발령 내는 것에 부담을 가졌다,

난관을 해결해야 했다. 남자였다면 하지 않았을 고민을 여자이기 때문에 진입부터 의심받고 경계하는 것이 지금이면 가능했을까? 나는 어디로든 전보 발령을 희망한다고 재차 의사를 밝히면서, 발령 나고 문제가 생기면 스스로 아무 보직이라도 물러나겠다고 흰소리를 했다. 무슨 배짱으로 그리하였는지 지금 생각하면 방자함이 도를 넘었다는 생각이 든다.

결국, 건축관리 계장으로 전보 발령이 났다. '심사2계'가 주로 수용성을 가지고 있는 설계사무소와 시군을 상대로 하는 정적인 행정이었다면, '건축관리계'는 지도점검과 평가를 하는 부서로서 시·군, 행정처분을 받지 않으려는 위반 건축사사무소 등이 뒤섞여 어수선하고 전화 통화와 벨 소리로 시끄럽기까지 해 이전 부서와는 딴판이었다.

업무 가짓수도 많고 소소한 법령해석까지 있어 업무를 파악하는데 애를 먹었지만, 업무 파악은 비교적 빨리 되었다. 또 건축의 핵심부서로 일이 많은 만큼 직원들도 정예 요원으로 구성되어 일의 진척이 빨랐고 성과를 인정받기까지 시간은 오래 걸리지 않았다.

그때부터 직원들과 소통을 적극적으로 했다. 주머니 사정을 고려해 예전 수원 버스터미널 근처 파전집에 들러 직원들과 막걸리를 마시며 나누는 정담은 하루의 피로를 씻어주었다. 직원 중에 네 번째 주무관은 일도 잘 했지만, 특히 다재다능하기도 하였는데, 비라도 올 조짐이 보이면 "오늘 좀 짬 짬 하지 않아요?"라고 선수를 쳐 막걸리 집으로 모이게 했다. 자연히 화합이 잘되고 일의 성과도 많이 낼 수 있어서 "제대로 하지 못하면 물러나겠다"라고 한 나의 말은 흰소리가 아닌 것으로 싱겁게 끝이 났다.

건축직의 한계에 직면하다

'건축관리계'의 하루하루는 다이나믹 하고 분주했다. 시·군 및 건축사들과 함께 이뤄가는 건축 행정의 핵심부서로 성취감도 있었다.

본연의 일 외에도 협조문서 처리나 회의 등으로 늘 분주했다. 회의는 같은 국(局) 내에서도 그렇고, 다른 국에서 회의할 때도 오라고 하는 때가 많았다. 건축부서는 본류는 아니어도 여기저기서 양념처럼 참가를 요청하고 의견을 물어오면 가부를 대답해야 하는 때가 많았다. 그리고 중앙부서에서 점검이나 감사·조사가 나오면 인·허가 비리 개연성이 있다며 빠지지 않고 나를 불렀다. 어떤 날은 오전 오후 내내 이 기관, 저 기관 조사를 받느라 책상에 앉아 보지 못한 날도 있었다. 그런 날이면 파전집 막걸리가 특히 맛이 좋았다.

한 가지 아쉬운 점은 건축직이라는 꼬리표였다. 당시만 해도 건축직이 일할 수 있는 자리가 몇 개 안 되어 누군가 퇴직을 해야 하위 직원이 승진할 수 있는 때였다. 건축관리계의 차석은 건축직 중에서 가장 근무경력이 길고 사무관 승진 1순위였지만 한자리에서 2년 넘게 일을 해도 언제 승진할지 앞이 보이지 않았다. 같이 일하는 계장으로서 승진 못 시키는 데 대한 심리적 압박도 상당했다. 같은 기간 중 옆 부서인 도시계획과의 토목직 차석은 여러 명 승진이 되어 자리 이동을 했다.

건축은 사람의 생활을 담는 그릇이다. 그렇다면 건축을 담는 그릇은 무엇일까? 건축물과 기반시설과 사람을 품고 있는 도시가 건축의 베이스가 되는 것을 건축지도계장을 하면서 주변을 둘러보며 확실하게 알게 되었다. 학교에서 건축과 도시를 배우며 이론으로 들었던 것을 실전에서 경험으로 확인한 것이다. 도시를 품는 지역을 알게 된 것은 그로부터 또 한참이 지난 후였다. 건축부서를 담당하며 도시부서에서 하는 일을 염두에 두고 일을 하게 됐고, 궁금한 것은 자료를 빌려보며 도시에 눈을 뜨게 되었다. 멋진 건축물은 혼자 멋지지만, 도시를 생각한 건축은 주변이 함께 빛이 난다는 것을 알고 도시를 잘 만들어야겠다는 생각이 확고해졌다.

도시국장을 찾아가서 도시를 맡아 일하고 싶다고 의사를 밝혔다. 돌아온 국장의 대답은 “그건 어려워” 였다. 도시계획은 분야가 다르고 나는 도시계획 경험도 없어서 어렵다는 뜻이었다. 누군들 처음부터 경력이 있었던 것도 아닐 텐데 단번에 거절하는 국장을 이해하기 어려웠다. 나는 9급부터 일을 다시 배울 처지도 아니라 내게는 멀기만 한 도시계획이었고 그렇게 시간이 지나갔다. 한 번 더 말을 해봐야 하겠지만 다른 방법을 찾아야 한다는 걸 직감했다.

그러던 차에 건설교통부에서 사무관급 '시(市)·도(道) 협력관'을 구한다는 정보를 알게 되었다. 내가 건교부로 이동하면 우리 계의 차석도 승진할 수 있고, 나도 도시계획에 대한 경험을 쌓을 수 있어 내심 쾌재를 불렀다. 다시 국장을 만나 '건교부 협력관'을 가겠다고 의사를 밝혔다. 그러나 대답은 다시 "노(NO)"였다. 이유는 경기도에 한 명인 여성 기술 계장인데, 다들 선호하지 않는 건교부로 보내버렸다고 비난할 수 있다는 것이다.

할 수 없이 부지사에게 직접 이야기했지만, 사전에 국장이랑 이야기가 있었는지 부지사 또한 허락하지 않았다. 나는 낙담하여 더 이야기하지 않았다. 그러나 도청 인사 부서에서는 누군가는 보내야 하는데 아무도 협력관을 자원하지 않자 기술부서에 문제를 제기했다.

결국, 나는 부지사에게 불려가서 다녀오라는 허락을 받게 되었다. 남들은 다들 가기 싫어하는 건교부를 왜 가느냐고 나를 안쓰럽게 생각했지만 두 가지 숙제를 해결할 기회를 얻게 된 나는 오히려 마음이 홀가분했다. 얼마 후 나는 건교부로 파견 명령을 받았고 함께 일하던 차석은 사무관으로 승진했다.

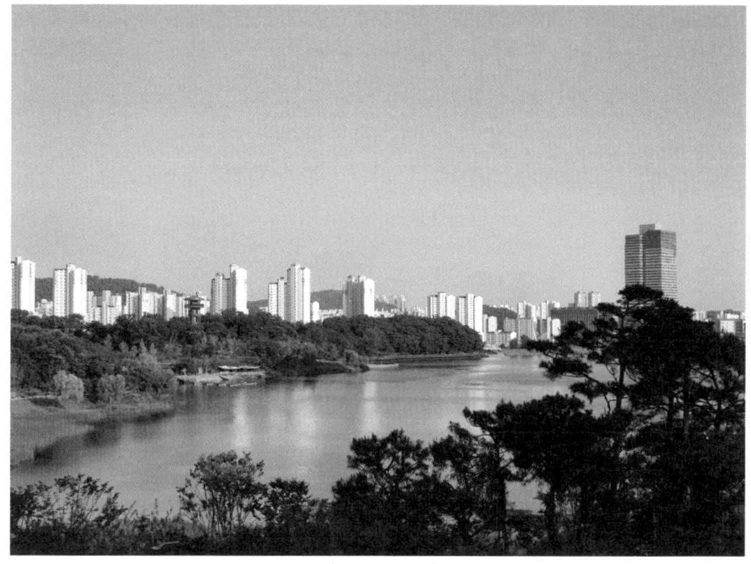

광교 호수공원

도시 계장 청원,
기술감사 계장으로

건교부 내에서는 도시계획과에 배치되어 도시계획 정책 수립 과정에 참여할 수 있게 되었고 1년이란 시간은 순식간에 흘렀다. 협력관의 취지대로 경기도와 가교역할도 하고 도시계획 행정도 담당하며 중앙부처의 인맥을 형성할 수 있는 첫 번째 계기가 되었다. 후일 내가 경기도에서 국장, 실장이 되었을 때 활용할 인맥의 바탕이 이 시기에 만들어진 것이다.

파견된 지 1년이 되어갈 무렵 2년 전 경기도에서 건교부로 자리를 옮긴 김 사무관이 찾아왔다. 9급부터 출발한 김 사무관은 중앙부처 일이 몸에 맞지 않는다고 했다. 경기도로 돌아갈 방법을 찾고 있으면서 내게 건교부로 이직을 하여 서로 자리를 바꾸면 어떤지 물었다. 의외의 제의에 놀라며 생각해보기로 하고 그날은 헤어졌다. 파견이 아니라 아예 중앙부처로 자리를 옮길 기회여서 여러 날 고민했다. 그러나 지방의 종합행정이 좋아서 경기도에서 시작한 거니 끝까지 해보자는 게 나의 결론이었다.

김 사무관에게는 바꿀 생각이 있는 경기도의 기술사무관을 같이 찾아보자고 했다. 당시 안산에서 건축과장을 하던 사무관 동기인 정태화 과장이 생각나서 본인에게 의사를 물으니 단번에 좋다고 하였다. 이후 나는 경기도로 돌아오고, 정 과장은 건교부로 아예 자리를 옮겨 퇴직할 때까지 근무했다.

경기도로 돌아오니 보직이 문제였다. 돌아갈 자리는 이미 다른 사람이 맡아서 하고 있었다. 건교부를 간 이유도 도시업무의 경험을 위해 갔었던 것이니 국장에게 돌아온 인사를 하면서 도시 계장에 갈 수 있는지 조심스레 물었다. 국장은 경험이 없어서 곤란하다는 말은 더하지 않았지만, 쉽지 않다고 이야기했다. 건축 일을 더 잘해보기 위해 도시업무를 하는 것이 참으로 어려웠다. 토목직과 건축직이 서로 협력하며 더 좋은 도시를 만들어 나갈 수 있다고 생각한 나의 생각이 어디서부터 잘못된 것인지 알 수 없었다.

그러던 중 감사담당관실 기술감사 계장으로 발령이 났다. 도시계장은 소문이 나서 반대가 심했으나, 기술감사 계장은 아직 반대전선이 만들어지기 전이라 인사 부서에서 발령 내기가 상대적으로 수월했을 것이다. 언론에서는 “부실시공 포도대장, 최초의 여성 기술감사 계장”이라며 크게 지면을 할애해 보도했다. 그때는 여성이 희소할 때라 그런 보도가 가능했다는 생각이 든다.

문제는 기술감사 계장으로 발령받아 과장에게 신고하는 자리에서 시작됐다. 부임 첫날 과장님에게 인사를 하면서 “열심히 하겠습니다”라고 했다. 그런데, 과장의 대답은 “이게 열심히 한다고 되는 자리입니까?”였다. 노골적인 싫은 내색과 환영하지 않는다는 과장의 말을 듣는 순간 머리가 복잡해지고 뒷말을 찾지 못했다. 과장이 추천한 직원이 오지 않고, 젊은 여자 그것도 건축직 사무관이 온 것에 대한 반감이 이렇게 큰 줄을 몰랐다.

나에게 호의적이지 않던 감사과장은 얼마 지나지 않아 김포시 부시장으로 영전하여 떠나갔다. 부시장으로 부임할 때 나도 동행을 하였는데, 그는 내 마음의 상처를 지울 기회를 찾지 못했다. 후일 그 선배는 퇴직하고 경기도시공사 본부장으로 일하게 되었는데, 하필 경기도의 감독부서인 도시주택실 실장으로 있는 나와 입장이 바뀌어 다시 만나게 되었다. 나를 대하는 그 선배의 입장이 얼마나 난감하였을지 짐작이 간다.

멀티플레이어 쉽지 않네!

일하면서 공부하는 것, 일하면서 자격증을 딴다는 것은 여간해서 쉽지 않은 일이다. 나는 대학을 졸업하면서 내게 주어진 대학원 등록금 면제 입학 기회를 던져버렸다. 특별한 취미도 없이 공부만 한 덕에 건축공학과에서 나에게 준 기회였지만, 가정형편 때문에 대학원에 갈 수 없다는 남자친구를 따라 대기업에 입사했다. 회사 생활은 여직원이라 받는 차별을 제외하면 어렵지 않았고 익숙해졌다.

배움에 대한 욕구가 남아있던 나는 회사에 다니면서 공부할 요량으로 장학금 없이 대학원에 입학했다. 그러나 회사 생활과 대학원 공부를 병행하는 일은 생각만큼 쉽지 않았다. 밤잠을 줄이고 주말을 이용했지만, 수업을 빼먹는 날이 많았다. 겨우 턱걸이를 하며 시험을 보고 학점도 채웠지만, 논문을 쓰는 것은 더욱 엄두가 나지 않았다.

회사를 그만두고 공무원이 되었지만, 사무관 시절 개인적인 일에 시간을 쓴다는 것은 쉽지 않은 일이라 논문 제출을 계속 미루고 있었다. 더 이상 미룰 수 없게 된 것은, 수료 후 10년이 지나면 쓰고 싶어도 쓸 수 없다는 사실을 알게 된 때였다. 나는 10년이 되던 해 논문을 쓰기로 마음먹고 등록금을 한 번 더 지불했다. 현업에서 얻은 자료를 활용하여 겨우 쓰기는 했지만 아쉬운 부분이 한두 가지가 아니다.

어렵게 석사를 마친 탓인지 박사 공부를 하라는 주변의 권유를 쉽게 받아들이지 못했는데, 퇴직을 하고 보니 아쉽다. 또 한 번의 멀티플레이어는 건축사 면허를 취득하던 때 있었다.

건축공학을 전공하고 건축 행정을 하는 공무원이 되었지만, 건축사가 되어 전문성을 좀 더 확보하는 것이 필요했다. 경기도의 바쁜 부서에 근무할 때는 생각하기도 어려웠을 텐데, 건교부에 파견을 오고 보니 비교적 출퇴근이 자유로웠다. 그리고 과천 청사에서 건축사 시험 학원이 몰려있는 양재동까지 30분이면 갈 수 있어 절호의 기회였다. 퇴근 후 학원에 들러 집에 들어가면 아이들은 이미 꿈나라로 가 있었고, 나는 내일 먹을 반찬 걱정을 하며 눕기 바빴다.

건축사 시험은 '설계 실기'도 시험을 보는데, 대학 시절 설계 실기는 남편의 도움을 받으며 대충 때웠던 터라 건축사 시험을 준비하면서 애를 먹었다. 설계사무소를 하는 김동훈 소장의 도움을 받으며 시간 내에 빠르게 완성하는 실전연습을 할 때는 온종일 제도판에 매달려 있을 때도 있었다.

실기시험 당일은 정말 고통스러웠다. 오전에 시작하여 5시까지 A1 제도 용지에 어린이집을 설계하는 것이 과제로 출제되었다. 평상시 설계를 하지 않던 사람이 계획안을 구상하고 8시간 만에 도면을 완성하는 것은 불가능한 일 같았다. 과제를 받아들고 오전 내내 계획을 하고 옆 사람을 보니 이미 도면이 가득 차 보였다. 나의 심장이 쿵쾅거리고 머리는 스트레스로 통증이 오기 시작했다. 1시간 남았다는 감독관의 이야기를 들었지만, 도면이 완성되려면 어림도 없어 가슴이 두근거리기 시작하고 머릿속이 하얗게 비워졌다.

어느새 나는 T자를 치우고 손으로 도면을 메우고 있었다. 도저히 자를 대고 그릴 시간이 없어 구불구불 하지만 손으로라도 완성하기로 마음먹은 것이다. 감독관의 "그만" 하는 종료 소리에 기절할 것 같았지만, 겨우 완성해서 제출하면서 보니 좀 삐뚤거리는 것도 있었지만 나름 근사해 보였다. 끝나는 시간에 맞춰 나를 데리러 온 남편에게 양해를 구하고 뒷좌석에 비몽사몽 누워버렸다. 남편 옆자리가 아닌 뒷자리에서 실려 간 기억이 새롭다. 다행히 '건축사 합격 통지'를 받았는데 설계 실기 점수를 확인하니 70점을 넘어 생각지도 못하게 후한 점수를 받은 것 같아 '내가 제도는 못해도 계획은 좀 했나?'라는 착각에 빠졌다. 고통 속에 나와 함께 건축사 시험을 치러준 'A1 제도판'은 아직도 창고 한구석을 지키고 있다. 내 인생의 멀티플레이어는 쉽지 않은 과제다.

15년 만에 대학원을 졸업하던 날

기술서기관 승진,
건설본부로 가다

공무원으로 입사한 지 10년이 넘어 1998년 기술서기관으로 승진하여 경기도 건설본부 건설2부장이 되었다. 건설본부는 경기도에서 발주하는 도로, 터널, 하천, 건축물 등 공공시설물에 대한 공사 현장 관리를 하는 기관이다.

건설본부의 부장은 도청의 과장급인데, 현장 관리의 성격을 고려해 민간 건설회사의 지휘체계와 유사한 본부장, 부장의 직함을 부여한 것이 아닌가 한다. 건설2부장은 건축물과 하천 공사를 담당하고, 현장에서 일어나는 소소한 일을 포함하여 많은 부분에 대한 결정권을 가졌다. 그만큼 책임도 컸다.

현장 관리에서 가장 어려운 부분은 설계변경이다. 공사 현장에서는 많은 부분에서 현장과 딱 맞지 않는 부분이 발생하곤 한다. 공사감리자와 감독관이 현장에서 1차로 판단하여 조치한 후, 일정 기간 변경요인들을 모아 설계변경 서류 결재를 통해 예산 변경을 진행한다. 이때 변경을 하면서 감액 요인들도 있지만, 많은 부분은 설계할 때 누락 된 시설의 예산 증액을 수반하기 때문에 결재를 하는 사람들은 예민해지고 시공자와 다툼이 발생하기도 한다.

야산에 있는 터를 다듬어 '경기도 중소기업지원센터'를 짓는 현장을 관리할 때의 일이다. 현장은 한창 터파기공사 중이었다. 며칠 동안 폭우가 쏟아지는데 저류지(경사가 있는 큰 부지에서 터파기공사를 할 때 현장 토사가 비에 쓸려 한꺼번에 외부로 쏟아지는 것을 예방하기 위하여 현장 내에 임시로 땅을 파서 빗물을 모으고 우수 유출을 조절하는 커다란 구덩이 같은 공간)의 물을 뽑아내는 수중 모터 펌프가 고장 났다. 펌프 고장으로 저류지 물이 제방을 넘는 경우를 대비해 밑에 있는 마을은 대피라도 해야 한다. 현장은 현장대로, 사무실은 사무실대로 초긴장이었다.

시시각각 저류지 수위가 보고되고 비는 계속됐다. 예비 모터 펌프가 준비되어 있다는 말만 듣고 확인을 하지 않은 것이 불찰이었으나, 책임은 나중 문제였다. 우선 수중모터를 빨리 확보해서 안전하게 교체하는 것이 급선무였다. 주민 대피상황까지는 가지 않아야 한다고 생각하며, 직접 차를 몰아 현장으로 들어가는 데 바퀴가 물에 잠겨 나조차 위험했다. 겨우 현장으로 들어가 지휘를 하면서도 물속에서 작업해야 하는 노동자의 안전이 제일 걱정이었다. 다행히 펌프 교체에 성공하여 제방 붕괴를 막을 수 있었다. 하늘이 도운 그때의 긴장을 생각하면 지금도 심장이 쫄깃해진다.

내가 현장 관리할 때 가장 중요하게 생각하는 것은 첫째도, 둘째도 '직접 확인하기'인데, 건설본부에서 그 일을 겪고부터 생긴 원칙이다. 건설본부에서의 일 중에 하천 분야에 대한 건설 공사 관리 경험은 특별했다. 하천 분야에서 20여 년을 일한 직원과 함께 경기도의 하천 공사 현장을 점검할 소중한 기회가 됐다. 건축공학을 전공한 건축직이 일반적인 토목 현장도 아닌 하천에 대한 구조와 관리에 대해 이해를 하면서 하천에 흘러들어오는 샛강을 보게 된 것은 특별한 수확이었다.

건설본부에는 건설 장비를 관리하는 건설사업소로 출발한 덕에 활용하지 않는 빈 자재창고가 여럿 있었다. 창고는 넓고 천장도 높아 직원들은 이곳에 네트를 설치해 놓고 점심시간이나 퇴근 후 배드민턴 게임을 했다. 나도 그 당시 오전 근무일이던 토요일 오후에 여러 번 직원들과 어울렸는데, 복식 게임이 인기였다. 여기서 배운 실력으로 경기도 공무원 체육대회 배드민턴 게임에 40대 여성 몫으로 출전하여 상을 받기도 했다.

건설본부에서는 3년을 꽉 채워 근무했다. 2년을 지날 때부터 새로운 업무에 대한 욕구도 있었지만, 공사 관리 부서에서 3년의 기간은 설계도를 바탕으로 시설물의 착공에서 준공까지를 살펴볼 수 있는 기간이라 현장에서 일어나는 전체의 일을 경험할 좋은 기회가 되었다.

주택정책과장·실장, 도민을 위한 정책에 눈뜨다

국토교통부 장관의 첫 번째 과제는 주택, 부동산안정 정책 아닐까? 주택과는 대다수 국민의 재산 목록 1호인 주택문제를 다루는 곳이고, 생각 여하에 따라 많은 사람에게 정책의 효과가 미칠 수 있어 세심하게 봐야 할 민원도 많은 부서였다.

중앙부처에서 발표되는 정책을 시의성 있게 분석하고 대안을 제시하는 일이 잦았다. 한번은 연초에 건설교통부 주택실장이 주재하는 전국 주택과장 회의가 있었는데 참석한 사람들은 중앙에서 전달하는 지침 같은 것을 전달받고 건의할 것이 있으면 말하면 되었다.

나는 당시 전세자금 대출한도가 '광역시(市)'는 높고 '도(道)'는 일괄 낮게 적용되는 문제로, 전세금이 서울보다 높은 지역이 있는데도 데도 전세자금 대출은 낮아 불이익을 받는 경기도의 이야기를 하며 개선해 줄 것을 건의했다.

당시 권도엽 주택실장은 내 이야기에 귀를 기울여 주었다. 좀 시간이 걸리기는 했지만, 건설교통부는 전세자금 대출 기준에 '과밀억제권역(인구·산업이 과도하게 밀집되었거나 그럴 우려가 있어 정비가 필요한 지역)' 기준을 추가 도입하여 경기도의 과밀억제권역에 있는 시(市)의 주민들의 전세자금 대출한도가 높아지고 저리의 융자금을 활용할 수 있게 되었다. 문제의식 없이 지나갔다면 경기도민들은 지역적인 특성으로 서울보다 비싼 전셋집에 살면서도 중앙정부에서 정해준 대로 전세자금 대출 지원에서 차별을 받게 될 일이었다.

또 한 번은 도시주택 실장으로 있을 때 위례신도시 주택공급을 앞두고 서울시와 협의하여 불합리한 주택공급 규칙을 국토교통부가 개정하도록 한 일이 있다.

당시 「주택공급규칙 개정안」에 의하면 서울에 건설되는 주택은 100% 서울 시민에게 우선 분양하고, 경기도 지역에 건설되는 주택은 30%만 해당 시·군에 분양하고 나머지는 수도권 주민에게 공급되고 있었다. 경기도 주민은 서울지역 주택은 미달이 나지 않는한 아예 공급받을 기회가 없고, 대부분의 대규모 택지개발지구의 토지를 제공하고 있는 경기도 지구 내에서도 30%를 제외한 나머지를 수도권 주민에게 공급할 때 참여할 수 있도록 규정되어 있어, 가까운 지역의 주택을 분양받을 기회가 상대적으로 적었다.

이러한 문제를 인식하고 국토부, 국회 등 주택정책 관련 기관을 찾아 '대규모 택지개발지구 주택 우선 공급규정'을 광역시·도에 시군 30%를 포함하여 100% 우선 공급하도록 개정해야 한다고 설득했다. 서울시와도 수차례 협의하고 서울시 주택국장과 주택공급 비율 개정 방향에 타협을 보게 되었다. 당시 서울시는 위례신도시 시행자 범위 확대에 관심이 더 많았다.

경기도를 대표한 나는 주택공급 비율을 조정하는 것이 장기적으로 경기도민에게 미치는 영향이 크다고 판단하였다. 각각의 관심 사항을 중심으로 조금씩 양보하면서 서울시와 경기도는 타협안에 서명했다.

주택공급에 있어 경기도 지역에 건설되는 주택의 경우 경기도민에게 50%(시·군 30% 포함) 수도권 주민에게 50% 공급, 서울시 지역에 건설되는 주택은 서울 시민 50% 수도권 주민 50% 공급 안이었다. 이 서명의 의미는 앞으로 많은 경기도민의 주택공급에 엄청난 이익을 가져오게 할 것이었다. 인천시 역시 경기도의 노력으로 함께 이익을 보게 될 것이라 서명에 쉽게 동참했다.

특히 서울지역에 건설되는 주택을 종전에는 경기·인천 지역주민은 2순위 청약밖에 할 수 없었다. 그런데, 50% 물량을 두고 수도권 주민으로 함께 우선 공급받을 기회를 확보한 것은 지금 다시 생각해도 대단한 협상이었던 것으로 기억된다. 경기도는 이 협상의 결과를 국토부에 알렸고 정부는 2010년 1월 6일 「주택공급규칙 개정안」을 만들어 입법예고 했다.

이에 대해 서울시는 기자설명회를 열며 "정부가 위례신도시 등 대형 택지 조성에 시의 입장을 감안하지 않고 일방적으로 추진하고 있다"며 강한 유감을 표시했다. 서울시 주택정책과장은 이날 설명회에서 "주택난 해소가 난감한 서울에서 가까스로 공급되는 위례신도시 등 서울권역 택지지구 주택까지 경기도 거주자들에게 배분해야 할 합리적 이유가 없다"라며 "당초 강남권 주택난 해소를 위해 기획한 위례신도시의 당초 취지를 고려해서라도 국토부는 개정안을 철회해야 한다"고 주장했다.

그러나 경기도민 입장에서 경기도 지역에 건설되는 주택을 30%만 시·군에 공급하고 나머지는 수도권으로 돌리고, 서울시 지역에 건설하는 주택은 100% 서울 시민에게 우선 공급하는 것은 합리적이라는 것인지 이해하기 어렵다. 법령은 형평성이 있고 균형감이 있어야 하는 것 아닌가?

2010년 2월 「주택공급규칙」이 개정되었고 수많은 경기도민과 인천시민이 내 집 마련 기회를 앞당기게 되었다. 서울 시민들은 주택공급 기회를 늘리기 위해 택지개발이 많은 경기도로 이사하고 있다.

수도권 대규모 택지개발지역 특별공급비율 조정

- 서울.경기.인천 50% 우선공급, 신혼부부 분양주택 특별공급 면적 85㎡까지 확대 -

< 현행 > < 개정안 >

(단위 : %)

	지역	수도권		지역	광역자치	수도권
서울	100	0	⇒	50		50
인천	30	70		50		50
경기	30	70		30	20	50

국토교통부 2010. 1. 5 보도자료

성남시 수정구청장,
사람이 너무 좋아

2002년 건설교통국에 소속되어 간부 회의에 참석하는 주택과장의 역할은 도민들의 주거 문제에 직접 영향을 주는 부서임에도 특별히 주목받지 못했다. 국 업무를 총괄하는 지역정책과와 건설계획과, 도시계획과의 일들이 굵직하고 주로 회의 주제로 등장했다. 주택과는 윗사람이 특별히 관심을 두고 있는 것도 아니고 알아서 잘하면 되는 부서였기에 내가 책임감을 크게 가져야 했다.

그해 연말 건설본부장을 포함하여 국장급 승진 등 인사가 진행되었다. 나는 기술서기관 중 경력이 가장 많기도 하고 두 번째 대상자는 승진 소요 연한에도 못 미쳐 내심 기대하고 있었다. 인사 결과가 발표되었는데 승진 대상자 명단에 나는 없었다. 건설본부장에는 건설계획과장이 승진 최소 소요 연한이 모자라서 직무대리로 명령이 났고, 나는 서기관 직급인 성남시 수정구청장으로 수평 이동하는 명령이 났다. 승진할 수 있는 대상자를 두고 굳이 직무대리 명령을 내는 것을 이해하기 어려웠다.

그 마음을 알았을까? 손학규 지사는 다음날 나를 집무실로 불러 "서운하지?" 하고 말하였는데, 나는 이미 지사실로 들어서면서 서운한 감정은 날리고 난 후였다. 나는 "아닙니다. 수정구청장으로 보내 주셔서 감사합니다. 열심히 하겠습니다"라고 총알같이 대답했다. 손 지사는 수정구청장으로 보내는 이유를 설명해 주었다. 기술직으로 계속 있는 것보다 구청장으로 나가서 행정직으로 더 크게 일해 보라는 뜻이라고 했다. 그날 나는 인재를 키우려는 지사의 마음에 감동했다.

31년여 공직생활을 하며 가장 좋았던 보직 중의 하나가 수정구청장이라는 것을 생각하면 저절로 웃음이 난다. 수정구청장으로 나를 내보내고 나서도 지사는 성남시를 방문할 때면 구청장을 찾아 시장 앞에서 면을 세워주시곤 했다. 그 덕에 돌아가신 이대엽 시장도 수정구청의 행정에 지원과 공감을 더해 주셨다.

수정구청은 인구 26만 명의 주민들이 사는 지역의 청소, 공원관리, 도로관리, 작은 시설에 대한 인허가와 함께 주민들과 소통하며 불편사항을 관리하고 개선하는 행정을 하는 곳이다. 그곳에서의 일은 종전에 도청 주택과에서 기준에 따라 인·허가 하고 같은 건축 분야에서 일하는 사람들과 뒤섞여 일하던 것과 아주 다른 것이었다. 하루의 반쯤 내부 결재나 회의 등을 하고 나면, 현장을 돌아다니는 때가 많았다. 동(洞)은 16개인데, 동네를 다니며 주민들과 만나고 살아가는 이야기와 불편한 이야기를 듣고 현장의 문제를 살피며 제때에 문제를 해결하러 다녔다.

또 하나 내가 관심을 둔 것은 홈페이지를 통해 접수되고 있는 민원인 "시장에게 바란다" "구청장에게 바란다" 코너였다. 주민들은 일일이 청사로 찾아와 불편을 제기하기 어려우니 인터넷을 통해 꾸준히 크고 작은 민원을 제출하고 있었다. 구청장이 관심을 가지고 들여다보고 있다는 소문은 금방 직원들에게 전달되었고, 결재할 때 그 추진사항을 물어보기도 한다니 직원들은 민원을 꼼

수정구청장이 민원현장을 확인하는 모습

꼼히 읽고 대응하게 되었다. 직원들은 관공서에 접수되는 민원을 내 행정에 대한 지적인 것 같아 그다지 즐거워하지 않는다. 그러나 누군가 내 행정에 관심을 가지고 무료로 행정 수준을 업그레이드해 준다고 생각하면 민원은 보물이기도 한 것이다. 행정의 양은 늘었지만, 민원 처리의 효과는 서서히 직원들과 주민 서로를 변화시켰다. 행정에 무관심하던 주민들도 혹시나 하며 동네의 문제와 불합리한 행정에 대해 말을 걸어오는 경우가 늘었고 직원들도 한 번 더 현장을 돌며 주민들과 문제의 해결방안을 찾으러 나갔다. 해결이 어려운 민원도 많았지만, 주민들은 내 이야기에 귀 기우려 현장으로 나오는 직원들을 반겼다.

그러다 보니 주민들과 자연히 가까워지고 구청장실이 어려운 곳이 아니라 나도 갈 수 있는 곳으로 바뀌어 주민들이 구청에 들어오는 일도 많았다. 구청장실을 관리하는 총무과로서는 주민들이 오면 혹시 무슨 불상사는 생기지 않는지 들여다봐야 해서 번거로워했다. 그러거나 말거나 내 방에는 사람들이 들락거렸고 그때 만난 사람들은 내가 다른 자리로 옮겼을 때도 찾아와 반갑게 해주었다.

나는 내가 사람 만나는 것을 좋아하고 있었는지 알지 못했다.

내 안의 또 다른 내가 사람들을 좋아하고 함께 어울리고자 한다는 것을 처음으로 알게 되었다. 그곳에서 딱 1년을 근무하고 의왕시 부시장으로 명령을 받았는데, 주민들과 정이 들어 발걸음이 무거웠다.

수정구청에는 수정산악회가 있었다. 총무과장이 산악회장이고 나는 청장이라고 당연직 고문이라고 했다. 그때까지 내가 산에 갔던 기억은 주택과장을 할 때 새해 해돋이를 보기 위해 도청 산악회를 따라 12월 31일 버스를 타고 새벽 태백산에 올라갔던 것이 유일했다. 격월로 수정구산악회 산행이 있었는데, 첫 산행을 앞두고 총무과장은 등산복이 있어야 한다고 퇴근길에 나를 등산용품 할인점으로 안내했다. 나는 고어텍스라는 옷이 있고 그렇게 비싼

수정구청창 어르신과 함께

지 처음 알았다. 바지, 티셔츠, 겉옷에 등산화까지 장만하고 보니 당시 금액으로 100만 원 가까이 된 것으로 기억한다. 몇 달은 긴축 살림을 해야 했지만, 산에 가려면 꼭 필요하다고 하니 어쩔 수 없이 큰돈을 쓰게 되었다. 산악회를 따라 시산제에 참여하며 후원도 하고 태백산, 치악산, 소백산 등 생전 처음 큰 산에 올라갔다.

한 번은 겨울 소백산에 갔었는데 깨끗한 자연 설경과 운무가 입을 다물지 못할 만큼 장관이었다. 문제는 정상에서 약 200m 전방 능선에 있는 대피소까지 능선을 따라 이동하는 길이었다. 대피소는 정상에서 능선을 따라 저만치 보이는 위치에 있고 경사도 세지 않은 코스였는데, 영하의 추운 날씨에 능선을 타고 넘어가는 칼바람으로 체감온도가 장난이 아니었다. 추위와 바람과 싸우며 겨우 대피소에 도착했으나 입과 얼굴이 얼어붙고 머리가 아파 잠시 기절했다. 주위에서 웅성거리는 소리에 눈을 떠보니 누군가가 따뜻한 물을 내 입으로 흘려보내고 있었다. 눈떴다는 소리에 일어나 앉아 동료가 건네는 위스키를 한 모금 넘기니 얼굴에 화색이 돌고 금방 몸이 따뜻해졌다. 정신을 차리고 컵라면을 먹으니 세상에 이렇게 맛있는 음식이 더 있을까 싶었다. 수정구를 떠나며 큰 산에 가는 일은 거의 없어졌지만 그때 장만한 보라색 등산복은 색이 많이 바래고 낡았어도 19년째 동네 뒷산에 오를 때 즐겨 입고 있다.

의왕시 부시장,
부지사의 숙제를 풀다

의왕시는 시흥군 의왕읍 이었다가 시흥시에서 1989년 시로 독립하였다. 시 면적은 54,038km²로 작은 기초 자치단체지만 그린벨트가 전체 면적의 89%나 되는 풍부한 녹지를 갖고 있어 공원이 가깝고 살기 좋은 예쁜 도시이다. 교통도 편리하여 5분 안에 고속도로에 올라갈 수 있는 장점도 있어 좋은 주거환경을 찾고 있다면 의왕시를 들러보기를 권하고 싶다.

2004년 의왕 부시장 인사 명령서 교부 시 조병석 군포 부시장도 함께 명령이 났다. 배석한 정창섭 부지사가 "의왕시와 군포시 부시장은 부임하기 전에 내 방에 들러서 가~" 라고 했다. 둘은 인사를 끝내고 부지사 방에 들어갔다. 부지사는 부시장 부임을 축하해 주며 두 사람의 첫 번째 현안이 '시(市) 경계조정'이라며 둘이 꼭 해결해야 한다고 지시했다.

의왕 부시장이 되어 첫 출근을 했는데, 경기도 최초의 여성 부시장이라고 만나는 사람마다 이야기했다. 지금은 여성 부시장이 여럿 되지만 그 당시는 신기한 것 중 하나였다. 의왕시 현황을 파악해 가며 현안들을 챙겨 나갔는데, 그린벨트가 워낙 많은 곳이라 도시의 필수 기능을 할 수 있는 행정 가용 면적이 작아 그린벨트를 조정하여 개발 용지로 바꾸는 일이 중요했다. 이형구 시장도 도시개발 분야의 전문가가 왔다고 지금의 의왕시에 적임자라며 좋아했다. 지금은 노인복지관, 청소년 복지관, 보건소, 소방서 같은 건물이 들어찬 행정타운도 그때는 개발제한구역 나대지였다.

도시개발과 관련되어 주택공사나 토지공사 직원들도 드나들었는데, 의왕시의 입장에서 장래의 행정용지도 염두에 두며 개발 방향을 정해야 했기에 여러 가지 협상할 일이 있었다. 노후 단독주택 지역도 많아서 재개발이 추진되고 있었는데 지역주민들이 조합을 구성하여 진행하는 과정에 민원도 많고 살펴볼 일도 많았다. 구청은 인허가라 해봐야 작은 규모의 결정들이었다면, 시청은 인·허가 시 자칫 소홀하게 보다 보면 큰 구멍이 날 수 있는 요소가 많아 긴장할 때가 많았다.

부지사가 부여한 첫 번째 숙제인 군포시와의 경계 조정 문제를 파악해 보았다. 2년째 추진 중이라는데, 첫 번째 단추를 채우지 못한 채 지지부진했다.

지금은 군포시로 조정이 되었는데, 당정동에 있는 LG 아파트가 건축될 때 의왕시 지역에 걸쳐서 지어지게 아파트허가가 소홀히 처리되면서 민원이 시작되었다. 건물을 시 경계선 위에 지어 세대 안에서도 안방과 건넌방이 한쪽은 군포시에 있고, 한쪽은 의왕시에 해당이 되어 재산세를 두 지역에서 면적 비율대로 부과하고 있었다. 이뿐만 아니라 여러 가지 면에서 행정이 양쪽 중 어느 시 소관인지가 분명하지 않아 주민들로서는 불편한 점이 많았다.

의왕부시장 현장행정

양쪽 시의 시장은 만나서 경계조정 방향에 합의해 놓고 약속을 지키지 않는다고 서로 신뢰할 수 없다며 돌아 앉아있어 진전이 안 되고 있었다. 상황 파악을 한 후 의왕시 입장에서는 군포시장이 문제 삼고 있는 내용을 정확히 알아야 했다. 나는 군포시장 비서실을 통해 시장 면담 약속을 잡고 김윤주 시장을 만나러 갔다. 그 자리에서는 김 시장의 이야기를 충분히 듣는 것이 중요했다. 김 시장은 한참 동안 의왕시의 대응에 문제를 제기하고 나섰다. 의왕시 부시장에게 불만을 다 쏟아부어 마음이 편해진 것인지 점심을 대접해 주셨다. 개인적인 이야기도 곁들여 화기애애한 시간을 가지며 경계조정 협의를 다시 시작하기로 마무리하고 의왕시로 돌아왔다.

김 시장의 이야기에 따르면 의왕시가 서로 합의한 것을 안 지킨다는 것이었는데, 이형구 시장에게 상황을 보고하니 김 시장과는 다른 이야기를 했다. 그러나, 다시 해결해보겠다는 부시장 건의에 동의하며 이 시장은 경계 조정의 행정협의 책임을 일임해 주었다. 나는 경계 조정할 때 시 의회의 동의를 구해야 하는데, 표를 가진 주민들의 눈치를 봐야 하는 시의원이 조금이라도 손해나는 협상 결과에 쉽게 동의하기 어려울 것이라는 걸 알았다.

그래서 경계조정 협의를 다시 시작하면서 양쪽 시의 지역구 시의원을 포함해 부시장과 담당국장으로 협의체를 구성했다. 문제에 대해 서로의 입장, 현장 확인, 양보할 수 있는 한도, 가능한 대안을 만들며 양 시의 의원들이 먼저 가까워졌고 자주 만나다 보니 서로의 입장을 존중하게 되었다. 6개월이 넘게 만나면서 서로 주고받는 면적을 '땅의 현재 가치에 중심에 두고' 조정하기로 대원칙에 타협을 보았다.

종국적으로는 의왕시는 의왕역 인근 미개발지역의 저렴한 땅을 군포시로 편입되는 아파트부지의 가치만큼 면적으로 가져가고, 군포시는 문제가 된 아파트단지를 가져가기로 했다. 당장에는 재산세가 많이 걷히는 군포시로 편입되는 아파트단지가 가치가 있지만, 시간이 지나면 도시용지로 전환될 농지를 가치로 환산하여 더 확보하게 된 것은 의왕시로 봐서 나쁘지 않은 결과였다. 시의회와 시민에게 설명하고 마침내 시 의회의 동의를 받아냈다. 2년이나 막혔던 부지사의 숙제를 해결한 기쁨도 있지만, '행정이 이런 것이구나' 하는 것을 또 한 번 맛보는 순간이었다. 신문마다 군포-의왕 간 경계조정이 타결됐다고 크게 보도했다.

부지사도 상황보고를 받고 폭풍 칭찬을 했다. 이후 잘한 행정사례로도 소개되었고 도의회와 행자부 승인까지 받아 법적으로 양쪽 시의 경계 조정이 마무리되었다.

의왕시~군포시간 관할구역 경계변경
안양
경
부
선
당정택지지구
20,181㎡(6,105평)
왕회기지 주변
163,298㎡(49,397평)
군 포 시
의 왕 시
화물터미널 주변
100,371㎡(30,362평)
내륙컨테이너기지
영동고속도로
부곡택지지구
9,291㎡(2,810평)
수원
군포→의왕 편입
163,298㎡(49,397평)
의왕→군포 편입
129,843㎡(39,277평)

의왕시 제공, 경계조정

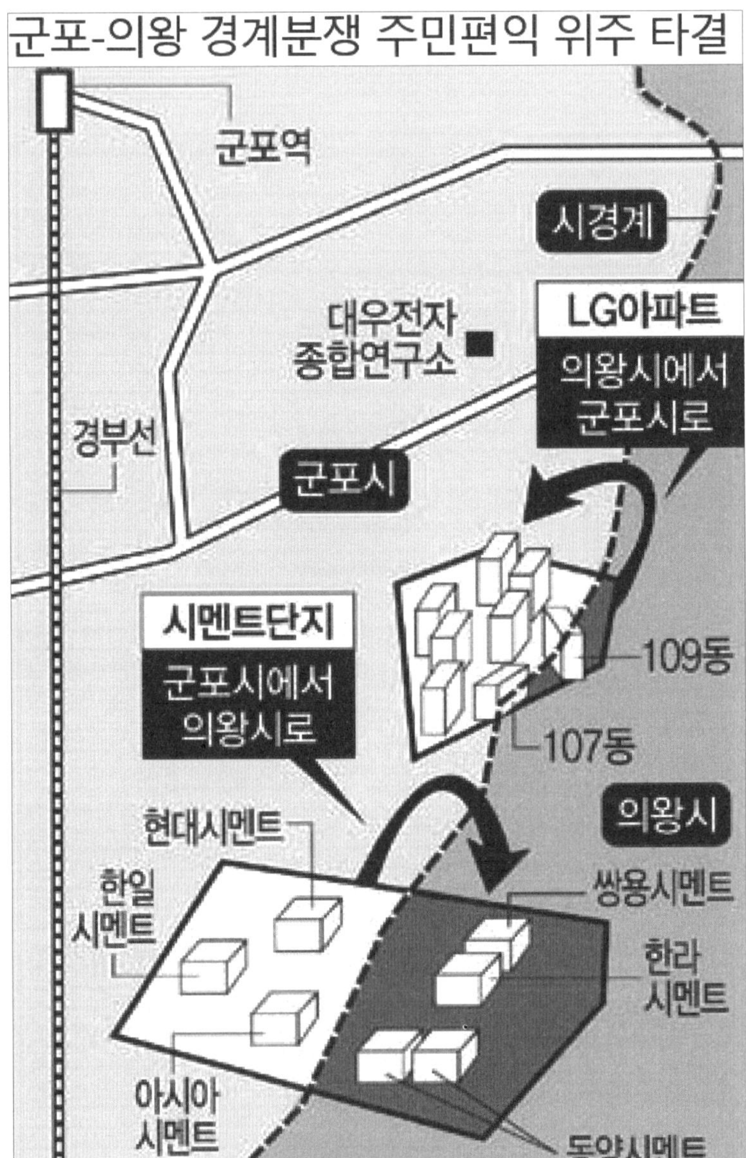

한겨레 2004.10.19, http://www.hani.co.kr

도시국장,
딸 덕에 장기교육 가다

손학규 지사의 신임을 받으며 2005년 도청 도시국장을 맡았다. 수도권 규제 완화에 적극적이었던 손 지사를 보좌하는 도시국장 자리는 무척 바쁜 자리였다. 지금도 그렇지만 수도권 규제 완화에 대해 중앙부처, 특히 국토교통부는 적극적으로 반대했다.

한번은 광화문 정부 청사에서 수도권발전 대책에 대한 총리 주재 회의가 있었는데, 장관도 참석하고 지사도 몇명 참석하는 규모가 있는 회의에 나는 기획팀장과 함께 참석했다. 손 지사는 규제 완화의 필요성에 목소리를 높였으나 반대의견이 많아 별 소득이 없자 자리를 박차고 나가버렸다.

문제는 거기서부터였다. 지사를 배웅하고 난 뒤 회의실 입구에 청경이 있었지만 안에서 나왔던 사람이라 그런지 별 제지 없이 나는 다시 회의장으로 들어갔다. 그런데 자리를 차고 나간 손 지사에 대한 비판이 이어지는 회의내용을 듣게 된 것이다. 모시는 지사에 대한 험담이니 같이 간 기획팀장은 지사에게 보고하여야 한다고 일일이 적어 내렸다. 다음날 지사에게 이 상황이 보고되면서 일이 커지게 되었다. 추 장관이 난처해진 것은 물론 이었지만, 국토교통부와 실무협의를 해나가야 하는 경기도 또한 난감함은 마찬가지였다.

도시국장은 투자유치를 통한 일자리 확대, 수도권 규제 완화에 유독 관심이 많은 지사를 만나 여러모로 할 일이 많은 자리다. 관가의 12월은 어수선하다. 고위직부터 장기교육을 갈 사람을 정하고, 시장·군수와 협의를 거쳐 부시장·부군수 인사를 하는 시기이다 보니 연말 사업 마무리와 함께 더욱 부산하다.

내년이면 고3이 되는 딸아이는 '다른 아이들은 엄마가 학원에 데려다준다, 맛있는 거 해주고 힘이 나게 한다, 대학 컨설팅을 해준다 등등, 엄마는 나에게 관심이나 있는지 모르겠다'며, 불만을 쏟아내는 통에 나의 머릿속은 더욱 복잡했다. 딸아이와 이야기를 해보았지만, 불안해하는 아이의 맘을 달래는 건 역부족이었다.

고민 끝에 교육에 들어갈 상황은 아니었지만, 부지사에게 내년도 교육을 가고 싶다고 이야기했다. 며칠 뒤 부지사가 찾아서 가보니, 지사께 보고는 하지만 교육은 어렵다는 이야기를 했다. 집에 가서 상황을 이야기하고 교육을 가는 것은 없었던 일로 접어버렸다. 그런데 딸아이는 교육은 어떻게 결정되는 것인지를 물었다. 그날은 그렇게 이야기가 끝났다.

일은 그로부터 며칠 뒤에 일어났다. 경기도문화회관에서 지사가 참석하는 건축 관련 큰 행사가 있었다. 지사는 행사에 참석해 축사를 하고 현장에서 먼저 떠나게 되었는데, 지사 옆에 앉아있던 나도 지사를 배웅하러 밖으로 따라 나왔다. 지사는 "아 참 딸애가 고3 되지?" 하면서 "교육가고 싶은가?" 라고 물었다. 순간적으로 멍했었는데, 정신을 차려 기회가 된다면 가고 싶다고 지사에게 이야기했다. 딸애가 깔아준 멍석을 그냥 보낼 수는 없었기 때문이었다.

지사는 어렵게 교육을 허락하셨다. 딸아이가 보낸 편지까지 지사가 지나칠 수는 없었던 때문이었다. 며칠 전 교육가는 방법을 묻던 딸애의 얼굴이 퍼뜩 떠올랐다. 난생처음 엄마의 직장생활에 딸애가 개입하는 순간이었다.

주거대책본부장,
평택시와 인연 되다

세종연구소에 1년 장기교육을 다녀와서 2007년 경기도 주거대책본부장으로 발령이 났다. 주 업무는 광교신도시와 신도시개발, 뉴타운(기존도시) 개발, 평택지원 운영인데 지금까지 했었던 행정의 복합적 적용이 필요했다. 직접 도민들의 주택공급과 관련이 있는 개발사업을 다루고 있어서 많은 사람이 관심을 두고 있는 부서였다.

광교신도시는 수원시 인계동과 영통 개발, 용인시의 수지 상현지구 개발 후 사이에 남은 땅 340만 평을 대상으로 경기도가 시행한 최초의 지방자치단체 신도시 조성 사업이다. 경기도시공사가 전반적인 것을 추진하고 행정지원은 경기도와 수원시 용인시가 함께하는 공동시행자 체계를 구성 추진했다. 지방자치단체가 주민과 함께 최초로 신도시를 기획하고 추진한다는 자부심과 열정으로 모두가 살고 싶은 오늘날의 광교신도시를 만들어 나갔다.

광교신도시의 가장 큰 자랑거리는 녹지율이다. 광교 호수를 포함해 녹지면적을 43%로 계획하고 각각의 공원·녹지를 연결하여 큰 면적을 더욱 크게 활용하도록 하였다. 집에서 나와서 5분 이내에 공원·녹지로 접근하도록 계획하고 도로를 건너지 않고 광교산이나 호수공원으로 접근할 수 있도록 한 것은 광교신도시의 매력을 더해 준다. 덕분에 광교신도시 호수공원에는 낮이고 밤이고 사람들로 북적이는 명품 도시가 됐다. 호수공원에서 응원한 덕인지 나도 광교신도시 연립주택에 당첨되어 이 멋진 신도시에 살고 있다.

주거대책본부의 선임과는 평택발전지원과이다. 도청의 직제 중에 어느 한 지역의 명칭을 도입하는 경우는 아주 이례적이다. 2007년 당시는 소파협정에 따라 용산에 있던 미8군을 포함하여 경기도에 흩어져 있던 미군을 모아 평택으로 옮기는 것이 국가적 과제였다.

미군이 옮겨 가는 것으로 결정된 평택시 대추(大秋)리 지역은 지역 명칭에서도 알 수 있듯이 평택의 전형적인 농촌 지역으로 오래전부터 농사를 지으며 생계를 유지하던 주민들은 생활의 터전이 없어진다고 반대가 극심했다. 경찰, 군부대까지 투입하며 집회에 대응할 정도로 현장 상황이 어려웠다. 원만한 보상과 미군기지 집결에 따른 반대급부로 「평택발전특별법」을 통한 명확한 지원을 만들어 내는 것이 필요했고, 경기도에서는 평택발전지원과가 담당했다. 「평택발전특별법 개정안」을 만들고 국회를 수시로 드나들며 수도권이라 지원받지 못하던 산단 지원시설 설치비용을 미군이 이전하는 평택시의 경우는 수도권이라도 예외적으로 지원할 수 있도록 개정해야 한다고 설명했다. 당시 평택시 우제항 국회의원의 도움으로 경기도 공무원인 내가 국회 국방위 법안소위에 참석할 수 있도록 허락을 받고 현장에서 발생하고 있는 제반 사항에 대해 적극적으로 발언했다. 국회 법안소위 국회의원들은 나의 합리적인 주장에 공감하며 미군의 원활한 이전을 위해서도 법을 개정해야 한다며 개정안을 법안소위에서 의결했다.

후일 평택에 세계 최대의 반도체 산단이 들어서는 데 도움이 되었을 것이라고 생각된다. 그리고 특별법에 따라 '평택발전종합계획'도 수립되었는데, 민간사업과 산단 물량 142만 평을 포함하여 18조 3천억의 지역계획이 수립되고 오늘날 평택의 비약적 발전에 큰 토대가 되었다.

또 하나는 광교신도시의 1.3배 되는 '평택 고덕 국제화계획지구 신도시' 추진을 지원한 일이다. 전체규모는 528만 평으로 「택지개발법」으로 추진하는 405만 평과 「산업단지 조성법」으로 추진하는 산단 지역 123만 평으로 나뉘어 계획되었다. 개발계획과 관련하여 큰 틀에서 이견은 없으나, 한 가지 걸림돌은 산단 위치를 두고 계획 승인권자인 국토교통부와 경기도나 평택시의 의견이 다른 것이었다.

경기도는 평택시의 의견대로 기업 하기 좋은 위치인 남쪽 끝 위치로 계획 변경을 추진했으나 국토부는 원래 위치인 북쪽 끝을 고집했다. 북쪽에 계획된 부지는 모양이 반듯하지 않고, 특히 철도 진동으로 예민한 제품생산에 문제가 생길 수 있다고 기업은 선호하지 않는 문제가 계속되었다.

'기업 하기 좋은 경기도'를 표방하고 있는 경기도는 처음 문제를 제기한 평택시와 마침 국회 건설교통위원회 여당 간사였던 평택시 정장선 국회의원과 함께 문제를 해결할 방안을 협의해 나갔다. 건설교통부 주택도시 실장을 포함한 담당자들에게 개발계획 변경의 필요성을 여러 차례 설명한 끝에 개발계획 변경 승인을 받게 되었다. 이후 투자유치 부서에서는 이 땅에 들어올 기업을 찾아 본격 기업 투자유치를 진행하게 되었다.

뉴타운사업과는 영문을 번역하면 신도시사업과인데, 노후 주거 지역을 개량해서 환경을 개선하는 사업을 한다. 뉴타운촉진지구 지정을 받고 촉진계획을 수립하여 사업을 추진하고자 하는 주민들이 많았다. 개량 후 주거환경뿐 아니라 주택가격도 올랐던 앞서 시행한 서울시의 영향이 있었다. 아이러니한 것은 몇 년 후 미국의 리먼 사태가 왔을 때는 국내 부동산 경기가 하락하면서 지구지정을 해제해달라는 민원이 쇄도하게 된 것이다.

광교신도시의 야경

경기도가 만든 최초의 신도시, 광교신도시

많은 사람이 광교신도시를 찾고 있다. 도시국장에서 주거대책본부장을 거쳐 도시주택실장으로 일할 때까지 광교신도시 조성에 참여한 바 있는 나로서는 광교신도시에 밤이나 낮이나, 평일이나 주말 관계없이 사람이 북적거리는 모습에 감사한다.

광교신도시는 정조가 건설한 우리나라 최초의 신도시인 화성이 있는 도시 수원에 있다. 정조는 비운에 떠나신 아버지가 죽어서도 대접받지 못하던 아버지의 묘를 1789년 양주에서 현재의 화성시 용주사 옆에 있는 화산(당시 수원)으로 옮기고 융릉으로 칭했다. 효심이 깊은 정조는 자신도 죽어서 아버지의 발치에 묻히고자 했다. 정조는 아버지에 대한 그리움으로 11년간 12차례 화산행차를 하며 1796년 수원에 성과 행궁을 건축했다. 화성행궁은 평소에는 관청으로 사용하고 왕이 수원에 내려오면 머무는 공간으로 사용되었다. (출처: 수원화성박물관)

화성은 정조의 명을 받은 실학자 정약용이 설계하고 채제공이

축성 책임을 맡았는데 성벽과 모든 건물을 짓는데 2년 9개월밖에 걸리지 않았다 한다. 정조는 화성 신도시를 건설하면서 자급적인 신도시로 만들기 위해 농업과 상업 생산 기반시설(둔전과 시전)을 마련하게 했다. 만석거를 비롯한 저수지와 국영농장인 둔전을 만들어 토지가 없는 백성들이 둔전을 경작하게 하여 경제적인 안정을 추구하게 하고 군사들의 군량미와 급여를 확보하게 했다.(출처: 수원화성박물관) 오늘날 수원에 우리나라 최고의 농업 대학교와 농촌진흥청 등 농업기관이 들어서게 되는데, 이러한 정조의 농업 정책과 무관치 않은 것 같다.

정조는 또한 실사구시 실학자들의 학문을 중요하게 생각하고, 수원 신도시에 시전을 설치하여 성안에 사는 사람들에게 일상용품을 파는 시장의 역할과 관청에서 필요한 물건을 공급하게 했다. 수원을 상업유통의 중심지로 성장시키고 백성들을 부유하게 하는 새로운 상업 정책의 본보기로 삼고자 했다. (출처: 수원화성박물관)

신도시를 조성할 때 중심도시에 종속된 베드타운(bed town)이 아니라 일자리 용지를 함께 만드는 것이 중요한데, 정조가 200여 년 전에 신도시를 만들며 자급자족을 생각했다는 것은 도시 분야에서 일하는 사람으로 보면 대단한 일이다. 이렇듯 정조의 신도시

역사가 있는 수원에 광역자치단체로는 전국에서 처음으로 경기도가 직접 신도시를 조성하게 되니, 이 또한 정조의 정신이 오늘날로 이어진 것으로 생각된다.

경기도가 신도시 조성에 나서기 전까지 신도시라 하면, 국토부가 LH를 통해 전국적으로 추진하는 택지개발사업을 말했다. 경기도는 LH가 조성하는 획일적인 신도시에 만족하지 못하고 있었고, 보완했으면 하는 것들이 많았다. LH가 사업시행자로서 어느 날 갑자기 신도시가 발표된 후 지역의 땅을 수용해서 사업을 했다면, 경기도는 LH가 사업을 종료하고 떠난 후에도 계속 살아야 하는 지역주민 입장이 되어 지속 가능한 도시를 생각하는 행정기관이라는 점에서 근본적으로 다르다. 이렇다 보니 도시에 대한 완성도가 다르고, 주민들의 불만을 보는 시각에도 차이가 있게 되는 것이다.

LH는 전국에 택지개발사업 형식의 신도시도 조성하지만, 정부의 균형발전 정책에 따라 추진되는 혁신도시, 기업도시 등도 조성하고 있어 이익이 나지 않는 사업도 있다. 지을수록 손해가 난다고 하는 공공임대주택사업도 시행하고 있어 이래저래 사업 수지를 맞추기 어렵기도 하다. 그러다 보니 LH는 달걀노른자에 해당하는 수도권 경기도의 신도시 사업에서 이익을 내고 손실이 나는 사업과 균형을 맞추는 것이 중요하게 될 것이다.

그러나 신도시가 조성되는 지역주민들의 입장은 아주 다르다. 평생을 살아오던 원주민은 땅이 수용되어 원 마을이 없어지는 아픔이 있고, 아파트를 분양받아 입주하는 입주민들은 비싼 수도권 신도시에 필요한 기반시설이나 복지시설이 부족하다고 문제를 제기한다.

신도시 조성에 따른 개발이익이 예상되는 경우, 지역주민들은 이런저런 시설을 보완해 달라고 요구하는데, LH는 평균적인 신도시 수준에 맞춰 시설을 계획하고 이익을 내야 하니 주민들과 갈등이 생기게 되는 것이다. 지역주민들과 함께 시장·도지사까지 나서 LH에 재투자를 요청하게 되면 LH는 일부 이익을 재투자하겠다고 나선다. 지역주민들의 땅을 수용하여 사업을 시행해서 이익이 생겼는데 주민들은 을이 되어 갑인 LH에게 사정을 하고 일부의 이익을 시설이나 땅으로 지원받게 되는 것이 아이러니하다.

경기도는 도시가 완성되고 난 후 계속 살아가야 할 지역의 입장에서 신도시를 만들고, 사업 시행 후 발생하는 이익은 사업시행자에게 대행 사업비 정도를 지급하고 전액 지역에 재투자하는 방식으로 신도시를 직접 만들기로 했다. 손학규 지사가 취임하면서 수원시가 이의동에 추진해 오던 '컨벤션사업'을 확대해 '이의 행정타운 사업'으로 추진하기로 경기도와 수원시가 합의했다. 경기도는 이 사업을 신도시를 개발하고 나면 주변 난개발이 성행하는 문제를 차단하고자 수원시 동쪽에 남아있는 미개발지와 용인시 서쪽에 남은 미개발 용지까지 확보하여 추진했다.

사업시행자는 경기도지사와 경기도시공사<후일 경기주택도시공사(GH)로 명칭이 바뀜> 외에 지역주민의 입장을 더 잘 대변할 수 있는 수원시장과 용인시장을 포함해 4명의 공동시행자 체재를 갖추었다. 실질적인 사업은 GH가 추진하지만, 행정기관 셋이 각기 자기 기관에 유리한 주장을 하니 의사결정 까지 시간이 몇배로 들었다. 특히 개발이익 산정 및 배분과 관련된 사항을 의논할 때는 첨예하게 대립하면서 의사결정에 시간이 더욱 걸렸다. 경기도는 사업을 주도적으로 끌고 가야 하는데 금쪽같은 시간이었지만 인내심을 갖고 협의에 협의를 더하며 의사결정을 이끌어 갔다.

개발계획승인 등 인·허가권을 가지고 있는 국토부는 전문 사업

시행자인 LH가 아닌 경기도가 340만 평이나 되는 대형 신도시를 자체 개발하는 것을 못 미더워했다. 한 번도 해보지 않았고, 경기도시공사의 규모나 경험 또한 신뢰하기 어렵다는 것이다. 이렇다 보니 국토부나 다른 중앙단위 기관과 협의에도 시간이 더 걸렸다. 경기도는 하나하나의 계획을 설명하고 이해를 구하며 개발계획승인, 광역교통계획 승인과 같은 굵직한 행정절차를 이행했다.

경기도가 기획하고 계획한 도시가 실현된다는 사실은 개발에 참여한 관계자들의 의지를 더욱 단단하게 했다. 국토교통부도 개발계획 승인 단계부터는 경기도가 만드는 신도시에 관심을 가졌다. LH도 경기도에 토지를 공급해 달라고 요청했다. 신도시를 주도적으로 처음 추진했지만 제대로 해낸 경험은 경기도와 경기도시공사를 신도시 사업 전문 시행자로 키워냈다.

광교 호수공원의 새해 새 아침

광교신도시의 진화, 기대와 우려

광교신도시 택지개발이 마무리되고 일부 부지에 건설이 진행 중이다. 신도시 계획 초기부터 앵커시설로 설계한 행정타운 부지에 경기도청, 경기도의회, 경기도교육청, 경기도시공사, 한국은행, 경기신용보증조합, 경기도도서관까지 7개의 시설이 입주하게 되면 신도시는 거의 완성된다.

광교신도시의 2005년 개발 초기 인구계획은 약 31,000세대 78,000명이다. 많은 사람의 부러움을 사고 있는 광교신도시도 미국의 리먼 사태로 인한 경기침체를 피해가기 어려웠다. 2008년 광교 주택분양 시 미분양이 났다는 사실을 사람들은 알고 있을까? 광교 최초의 분양인 '울트라 참누리 아파트' 입주자모집 결과 17.8 대 1의 높은 경쟁률에도 불구하고 당첨자들이 계약을 포기하여 한동안 선착순 분양이 이어졌다. '이던하우스'도 청약경쟁률이 1, 2, 3순위 다 합해도 기대 이하를 기록했다. 그리고 광교신도시의 호수공원에 접한 금싸라기 땅에 기업 이전을 고려하여 일자리 용지로 계획한 '특별계획구역 업무복합용지'들조차 분양에 참여하는 기업이 없어 공급에 차질을 빚었다. 이후 사업 주관사인 경기도시공사는 사업성을 고려하여 이 업무복합용지를 매각이 쉽도록 여러 개의 용지로 나누고, 땅의 용도도 업무복합용지에서 주상복합용지로 바꾸어 건설사에 매각했다. 시간이 지나며 경기침체에서 벗어나고 도시공사는 높은 토지 매각 수익을 올렸다. 주상복합용지 사업자들도 높은 주택청약경쟁률을 기록하며 주택분양에 성공했다.

사업시행자인 경기도나 도시공사가 경기침체기를 버티고 신도시의 미래를 조금 더 멀리 내다봤다면 광교신도시는 지금처럼 고층 주거 단지로 둘러싸인 광교 호수공원이 아니라, 다양한 스카이라인과 함께 일자리가 넘치고 점심시간 산책을 하는 청년들로 가득했을지 모른다. 그러나 경기침체 기간이 길어질지 모르는데 배짱 있게 버티자고 할 수 있는 책임자가 있을 수 있었을까?

광교신도시의 큰 문제는 계획인구보다 훨씬 많은 인구가 유입되면서 빚어지는 학교와 교통문제다. 개발계획 승인 시 인구가 78,000명인데 반해, 지금의 주민등록 인구는 대폭 증가한 12만 명을 넘고 있다. 20여 차례의 개발계획변경을 거치며 주택용지가 늘어난 것이 한몫하고 있다. 그리고 매력 있는 광교신도시에 젊은 부부들이 유입하면서 가구당 인구 설계기준 2.5명을 초과하고 학교가 부족하게 되었다. 광교신도시의 교통문제는 예견된 일이다. 개발계획을 변경할 때 도로나 공원, 설비와 같은 도시기반 시설을 함께 검토한다. 인구 유입이 예견되는 개발계획 변경을 하면서 기반시설, 특히 도로에 대한 검토를 소홀히 하여 지금과 같은 교통문제도 발생하게 되는 것이다.

광교신도시 주상복합 개발

다행히 공원 문제는 초기 계획부터 전국에서 최대의 비율인 41%의 면적을 확보하고 바람길과 통경축을 고려해 크고 작은 공원을 녹지로 연결했기에 별다른 문제가 발생하지 않고 있다. 광교 호수공원에서 광교산까지 주요 통경축과 바람길을 살려서 계획했다. 더운 여름밤 호수공원을 산책하면서 중간중간 시원한 바람이 부는 것을 느꼈다면 바람길의 과학이 증명된 셈이다.

광교신도시의 공원 녹지 계획 중 아직 완성되지 않은 것이 하나 있다. 신도시 조성 전부터 존재하던 광교 비즈니스센터(경기도 중소기업센터 등) 구역에서 경기도 신청사를 거쳐 광교호수공원으로 이어지는 중심 길인데, 지상과 지하로 연결하여 호수공원 녹지대로 연결하는 계획이다. 이 계획이 실현되면 경기도청 공사 마무리와 함께 더 많은 사람이 사랑하는 공간으로 태어날 것이다. 그리고 아직 활성화되지 않은 저수지 활용까지 더해진다면 신도시를 계획하며 꿈을 꾸었던 '사람이 모여드는 공간'이 더욱 실현될 것이다. 함께 수많은 일들을 고민했던 당시 이계삼 광교사업단장과 직원들, 그리고 경기도시공사의 직원들이 생각난다.

광교 호수공원 서쪽에서 동쪽을 바라본 모습

아파트 외관의 변화, 담뱃갑에서 탈출?

2020년 통계청 자료에 의하면, 우리나라 주택의 종류 중 아파트가 차지하는 비율이 62.9%다. 우리나라 인구가 2022년 1월 기준 5,163만 명이고 그중 50%인 2,600만 명이 좁은 수도권에 거주하고 있는 현실을 고려하면 수도권의 아파트 비율은 더욱 커진다.

아파트는 60년대부터 경제재건과 부족한 주택문제 해결을 위해 본격적으로 지어졌다. 반포, 잠실, 여의도 등에 대규모 아파트 단지가 들어서며 아파트 문화가 성행하고 많은 사람이 편리하고 깨끗한 아파트에 환호했다. 88올림픽 이후 급격한 주택가격 상승과 부족한 주택문제를 해결하기 위해 노태우 대통령에 의해 200만 호 주택건설 사업이 추진되어 분당, 평촌, 산본, 일산 1기 신도시가 들어섰다. 주택보급에 방점을 둔 시기에 판상형 아파트가 대부분을 차지한다.

판상형 아파트는 건축비도 저렴하고 설계도 수월하며 공기도 비교적 짧다. 판상형은 6~8세대를 직사각형 모양으로 반복해 짓는데, 대부분 남향으로 배치하기에 성냥갑을 늘어놓은 것 같다는 비난을 받았다. 건물들로 가려진 조망권 문제와 사생활 노출 문제도 제기되었으나, 주부들은 일조량이 좋고 앞뒤가 뚫린 구조로 통풍과 환기가 잘된다고 좋아하기도 한다.

나는 경기도에서 건축관리계장을 거쳐 2002년 주택과장으로 근무했다. 당시는 판상형 아파트의 문제로 도시 경관이 단조롭고 동일한 건물을 반복해서 짓는 문제가 점차 크게 부각 되었다. 전문가들과 도시의 경관, 아파트 단지의 생활환경과 내·외부공간의 다양화 등 아파트 문제에 대한 검토를 거쳐 대안을 찾아 나갔다. 많은 의견이 있었지만, 당시는 제한이 없던 아파트 한 동의 건물에 세대수 한도를 두어 네 세대 이하로 짓도록 하고, 외관의 길이도 50m를 넘지 않도록 하여 도시 외관의 변화를 유도하는 안이 마련되었다. 물론 건축위원회에서 필요하다고 인정하는 경우는 예외를 두도록 했다.

이 안은 경기도의회의 심의도 거쳐 시행되게 되었는데, 이때부터 4호 탑상형 아파트가 본격적으로 지어지기 시작했다. 전국적으로 봐도 경기도에서 지어지는 아파트 세대수가 가장 많은데, 경기도에서 4호 연립 이하로 제한한다는 소식은 주택사업자를 즉각 움직이게 했고, 탑상형 아파트라는 실물이 등장했다. 정책을 마련하며 생각했던 것보다 훨씬 빨리 큰 변화를 실감하게 했다. 경기도에서 시작한 탑상형 아파트는 얼마 안 걸려 전국으로 퍼져 나갔다.

아파트 외관의 변화를 또 하나 찾는다면, 건물마다 옥상에 설치된 노란 물탱크가 어느 날 사라진 것이다. 당시 경기도 정무부지사로 있던 한현규 부지사는 건설교통부에도 근무한 적도 있고 아이디어가 많았다. 부지사 방에 들렀을 때, 건물마다 노란 물탱크를 머리에 이고 있는 모습을 지적하며, 하늘에서 보면 더 경관에 문제가 된다고 방법을 찾아보라고 했다.

물탱크가 옥상에 설치된 데는 몇 가지 이유가 있다. 공공 수도배관을 통해 대문 앞까지 연결된 수돗물을 가정 내 수도꼭지로 직결해 사용하는 것은 수압이 약하기 때문에 단독주택 정도나 가능하다. 층이 높아지면 보통 펌핑을 해서 높은 곳에 설치된 물탱크로 물을 쏘아 올리고 자연 낙하를 통해 세대에 설치된 수도관으로 연결한다.

또 하나의 이유는 단수나 화재·재난이 발생했을 때를 대비해 물을 저장하고 있다. 이러한 이유로 지하저수조나 옥상 물탱크를 설치하는데, 일반적으로는 비용이 덜 들어가는 후자를 선택하면서 도시에 노란 물탱크가 많이 설치됐다.

물탱크가 꼭 노란색이어야 하는 이유는 특별히 없는 것 같은데, 개중에 파란색도 있지만 대부분 노란색 탱크가 많이 보인다. 지금도 저층 주택이 밀집된 지역에 노란 물탱크가 많이 남아있는데, 물탱크를 정기적으로 청소하지 않으면 수질 문제가 발생하기도 한다. 전문가들과 논의를 하니, 지하저수조 용량을 키우고 상부로 물을 뿜어 올려 세대로 물을 공급할 수 있다고 제안했다.

주택사업자들과도 논의했는데, 여러 가지 방법이 있고 공사비의 문제라는 것도 확인했다. 결국, 물탱크가 도시 경관을 해칠 수 있다는 문제에 공감대가 넓어지게 되었고, 사업자들도 구체적으로 방법을 찾아보겠다고 나섰다. 주택사업자들은 비용은 조금 더 들지만, 아파트가 고층화하고 있고 경관 문제도 개선할 때가 됐다며 경기도의 경관개선 요구에 동참했다. 지하저수조를 청소할 때와 비상시를 대비해 몇 개 만들고 상부 세대로 압력을 주어 물을 공급하는 방식으로 아파트의 물 공급 방식이 바뀌게 됐다.

물탱크가 없어도 옥상에는 옥상 출입과 엘리베이터기계실 설치를 해야하는 문제로 2개 층 이상 돌출될 수밖에 없다. 여전히 옥상의 미관문제가 남았다. 주택사업자들은 옥상의 경관디자인에도 스스로 참여해 미관에 문제가 없도록 저마다 옥상 디자인을 계획하고 유행시켰다. 내 건물의 디자인이 훌륭해지는 것을 보며 건축주도, 주택사업자도 즐거워하고 있다.

광교신도시 호수공원주변 다양한 옥탑 경관

나는 어떤 우산이었을까?

2007년 주거대책본부장으로 부임하니 2006년 지방선거 후 김문수 지사로 바뀌어 있었다. 처음 만나게 되는 김 지사가 경기도민의 주거 문제에 큰 영향을 줄 수 있는 주거대책본부장에 함께 겪어 보지도 못한 나를 주변의 평만 듣고 어떻게 낙점할 수 있었는지 특별히 물어본 적도 없어 나는 잘 모른다. 다만 짐작해 보건대 지사 정책특보로 있던 이한준 대표가 교통과 도시를 다룬 전문가로서 나에 대한 주변의 평을 듣고 김 지사에게 천거한 것 아닌가 생각할 따름이다.

이한준 대표는 박식하기도 하지만 정무적 감각도 뛰어나고 추진력이 강한 사람이다. 얼마 후 경기도시공사 대표로 자리를 옮겼는데 도시공사의 주력 사업 중 하나는 주거대책본부장 소관인 광교신도시 조성사업이다. 광교신도시 사업은 경기도와 경기도시공사가 지방자치단체 최초로 주관하는 대형 신도시 조성사업인데, 한 번도 대형 신도시 사업을 해보지 않은 경기도가 추진한다고 하니 국토부는 마지못해 승인을 내주며 지켜보고 있어 이 대표와 나는 보란 듯이 잘해보자고 의기투합했다.

광교신도시의 백미 중 하나는 '신분당선 연장선' 급행철도를 당시 종점이던 정자역에서 광교를 거쳐 호매실까지 연장하려 한 것이다. 그 당시 나는 사업비 약 8000억을 부담하더라도 광교의 호재로 꼭 필요하다고 판단하고 국토부와 협의했지만, 광교까지만 연장하고 호매실은 나중에 검토하는 것으로 결정되었다. 이후 호매실까지 연장하는 사업은 호매실 지역의 교통문제가 심각해지면서 집단민원이 발생했다. 사업성 문제가 또 거론되면서 복선도 아닌 단선으로 추진되다가 14년이 지난 최근에서야 복선 전철 설치로 가닥을 잡고 2022년 기본계획 설계 예산이 국회에서 반영되게 되었다.

광교 사업을 할 때 금방 교통문제가 제기될 것을 예상하고 경기도가 호매실까지 연장을 주장한 사업이 사업성 부족으로 광교까지만 반영한 결과 지금 추진되는 호매실 연장 사업비가 크게 증가하게 되었다. 정부가 하는 '사업성 검토'가 수도권 과밀지역에는 유독 과소평가 되는 것은 아닌지 다시 생각해 볼 일이다.

이 대표는 교통전문가답게 김문수 지사에게 대형 국책사업인 GTX 사업추진을 건의하였고 김 지사는 이를 받아들여 경기도청 4층 대회의실에서 GTX 사업추진을 대외에 알렸다. 이 묘한 사업은 안전성만 담보된다면 40m 지하에서 평균속도 100Km 이상으로 달리기 때문에 사업 부지확보를 위한 비용이 들지 않고 노선계획에서도 비교적 자유로워 공공에서도 해봄직 하다는 생각을 하게 하였다. 건설사들도 모처럼의 대형 건설사업 이야기에 반색하며 10대 건설사 모두가 참여하는 컨소시엄까지 거론되었다. 특히, 주민들은 지역간 연결을 급행으로 하는 친환경 교통수단에 열광하며 우리 지역도 추진해 달라고 하는 건의가 이어졌다. 김문수 지사가 도지사 재선에 성공한 이유 중 하나가 이 대표의 GTX 사업 때문 아닐까 한다. GTX는 2022년 대선에서 윤석열 후보가 GTX는 D·E·F 노선을 추진한다고 발표함으로써 또 한 번의 변신을 하고 있는데, 전문가인 이 대표의 역할이 진행 중이라는 증거일 것이다.

이 대표는 개방적이고 호불호는 있지만, 주변의 어려움을 외면하지 않는 성격이다. 한 번은 내가 집안일도 복잡하고 출근길에 차량 접촉사고로 난감한 상황이었는데, 이 대표는 자기 차량에 나를 태워 현장에서 보험사와 대신 협상을 해 줄 정도로 나에게는 어려움이 있을 때마다 각별했다. 이 대표의 우산이 따뜻한 우산이었다면 나는 어떤 우산일까 생각해본다. 나도 누군가에게 따뜻한 우산이 되었을까?

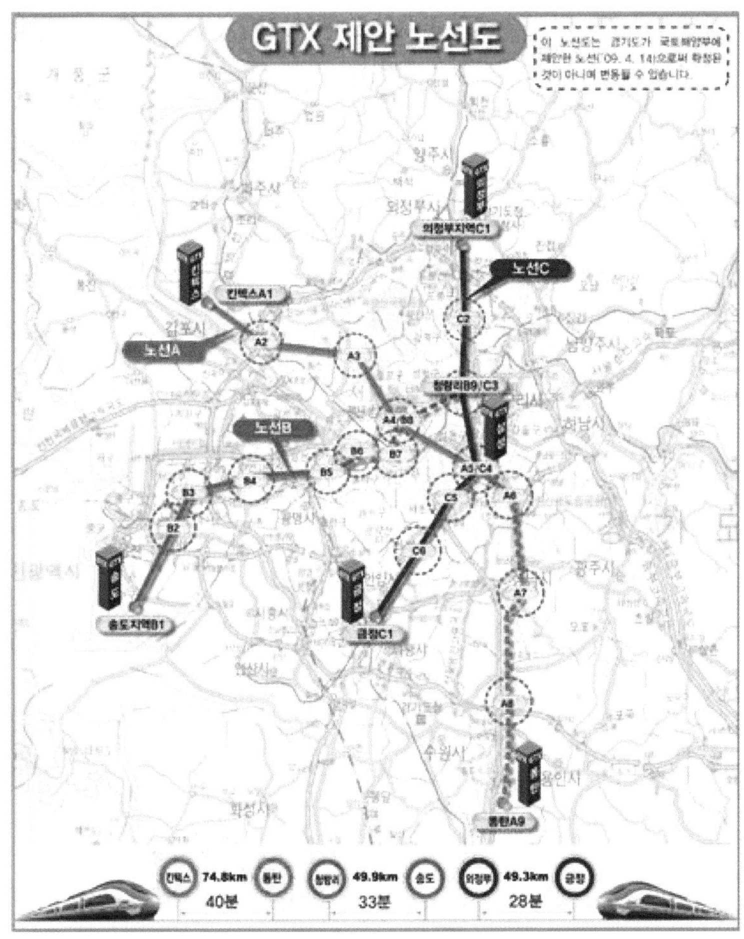

경기도청 보도자료(2009.9.20), 수도권 주민 76% 'GTX, 3개노선 동시착공해야')

01 1기 GTX 연장, 2기 GTX 건설로 수도권 어디서나 30분 출퇴근 시대를 열겠습니다.

- **수도권 외곽에서 출퇴근하는 시민들은 평균 1시간 36분 이상을 보내며 삶의 질과 행복 지수가 확연히 저하되고 있음**
- **수도권의 교통 혼잡을 완화하고 2,500만 시민들의 통행 편의와 행복 추구권 확대를 위해 획기적인 광역교통망 확충이 필요함**

- **1기 GTX(A, B, C) 노선의 연장 및 정차장 신설**
  - GTX – A 노선 평택 연장 : 산업단지 입지, 고덕신도시, 평택시
  - GTX – C 노선 동두천, 평택 연장 : 북부 접경 도시의 지역균형개발
- **GTX–D노선: 수도권 남부 동 · 서 더블 Y자 연결노선**
  - 김포에서 인천(원당~계양) ~ 부천(대장) ~ 부천종합운동장 ~ 서울(신림, 강남, 삼성, 잠실 등) ~ 하남(교산) ~ 남양주(팔당)로 연결
  - 부천종합운동장에서 분기하여 인천국제공항으로, 삼성역에서 분기하여 경강선을 활용해 수서 ~ 성남 ~ 광주 ~ 이천 ~ 여주 연결
- **GTX–E 노선: 수도권 북부 동 · 서 연결노선**
  - 인천(검암, 계양) ~ 서울(김포공항, 디지털미디어시티, 신내) ~ 구리 ~ 남양주(다산, 양정) 연결
- **GTX–F 노선: 수도권 거점도시(경기) 순환노선**
  - 고양 ~ 서울 ~ 부천 ~ 시흥 ~ 안산 ~ 화성 ~ 수원 ~ 용인 ~ 성남 ~ 하남 ~ 남양주 ~ 의정부 ~ 양주 ~ 고양
- **GTX 노선을 따라 콤팩트 시티 건설**

2022 대선공약자료집(중앙공약), https://www.peoplepowerparty.kr

미산 골프장 도시계획 위원회 심의 번복 부결

2008년에 안성시 미양면에 골프장을 건설하기 위한 '안성시 도시관리계획 변경' 건이 경기도에 제출되어 행정절차와 경기도 도시계획위원회 심의가 진행되었다. 지역사회에는 골프장 사업이 과도하게 환경을 회손 한다는 여론이 형성되었으나 안성 시는 사업의 필요성이 있다고 판단하여 경기도에 서류를 제출하였고, 도시관리계획 변경 건에 대한 처리 권한을 갖은 경기도는 신중히 검토에 들어갔다. 우선 경기도는 안성시장의 의견을 존중하여 도시계획위원회에서 심의하기로 하고 회의에 안건으로 상정했다. 도시계획위원회에서는 지역의 문제 제기와 반대의견이 심해 소위원회를 구성하고 현장 확인을 철저히 하도록 했다. 현장을 다녀온 소위원회 위원장이 본 위원회에 결과를 보고 했는데, '심의를 진행하지 않을 정도의 문제는 없다'라고 하였다.

2008년 1월 16일 경기도 도시계획위원회는 '클럽하우스 및 주차장 주변, 일부 홀 주변 능선의 원형을 추가 보전하고 훼손이 불가피한 사업부지 면적만큼 생물 서식지, 생물 이동통로를 대체 확보하라'라는 조건을 달아서 조건부의결 했다. 그러나 도시계획위원회의 사업승인 결정을 막기 위해 14일부터 도청 앞에서 철야 농성을 벌여 온 시민대책위원회는 '경기도가 이 결정을 철회하고 사업자가 골프장 건설을 백지화할 때까지 도청 앞 농성을 계속하는 등 끝까지 투쟁할 것'이라고 밝히며 농성을 이어갔다.

그러던 중 '미산 골프장 입목축적 조사는 순 엉터리'라는 언론 보도가 있었다. 산림조합에서 작성한 입목축적조사서에 근거하여 개발이 가능한 것으로 판단한 것이니 확인이 필요했다. 경기도는 긴급히 안성시 공무원과 산림조합 관계자와 함께 현장 확인을 했는데, 표준지 별로 차이는 있지만, 보도는 사실로 확인되었다. 곤혹스러웠다. 만일의 경우 도시계획 승인을 번복해야 하는 경기도 도시계획위원회 사상 초유의 상황이 올 수도 있었다. 위원장인 행정부지사에게 현장 확인 결과를 보고했다. 위원장과 함께 이 상황을 어떻게 정리해야 할지 의논하면서 공관으로 지사를 찾아가 보고했다. 시민단체 활동 경험도 있고, 평소 위원회 내에서 합리적인 의사를 제시하던 위원을 함께 배석하게 하여 조치 방향에 관해 보고했다. 결론은 '창피해도 사실대로 다시 도시계획위원회를 열어 처리하는 것'이었다. 안성시에서 허위 서류를 제출하였고, 경기도는 이를 확인하지 못하고 도시계획위원회에 상정하여 현장 확인 과정에서도 확인을 못 했으니, 참담했다. 그러나, 잘못을 바로잡는 것에는 용기가 필요했다.

먼저 이야기를 꺼낸 사람은 위원장인 부지사였다. 3월 2일 경기도는 도시계획위원회를 45일 만에 다시 열고 '안성시 도시관리계획변경 조건부의결' 되었던 결정을 번복하여 부결하고 위원장인 행정부지사는 행정의 신뢰를 실추시킨 책임을 통감한다고 사과했다. 나를 비롯한 경기도 당시 도시계획 관계자는 빨리 쥐구멍으로 찾아 들어가야 했다. 김 지사 또한 17일 기자회견을 열어 안성 미산 골프장과 관련해 "도정을 총괄하고 있는 도지사로서 책임을 통감 한다"며 도민들에게 머리를 숙였다. 6년 4개월간 민원이 지속된 미산 골프장에 대해 도(道) 도시계획위원회에서 2년 2개월간 신중하게 심의했지만, 도민들에게 혼란을 드린 점에 대하여 사과한 것이다.

이후 관련 공무원에 대한 문책과 사법기관 수사 의뢰, 감사가 이어졌다. 나에게는 지난 31년의 공직 경험 중 지우고 싶은 일이었지만, 오류를 인정하고 바로잡는 결정에 동참해 준 안양호 행정부지사와 동료들에게 늦었지만 감사드린다.

두 번의 장기교육, 아이와 다시 시작하다.

나는 공직생활 중 최고의 선물이라는 외국 유학이나 외국 기관 근무를 한 번도 한 적이 없다. 어느 선배는 천연기념물이라며, 2급을 달고 미국학교로 유학 아닌 경력을 쌓기 위해 근무하러 갔다. 동기들은 두 번 세 번 외국을 들락거리며 유학도 하고 국내 교육도 가고 하는데, 나는 뭘 하느라 국내에만 처박혔던 것인지 돌아보면 아쉽다.

대신 나는 두 번의 국내 교육을 받을 기회가 있었다. 한번은 성남시에 있는 세종연구소, 두 번째는 당시 고양시 덕양구에 있던 국방대학교에서 안보과정을 수학하게 되었다. 장기교육 과정은 보통 2월에 시작하여 12월에 끝나는데, 현업에서 떨어져 재충전할 기회였지만 교육에 대한 선호도는 개인마다 달랐다.

2006년 세종연구소 장기교육은 딸아이가 고3 진학하면서 받은 스트레스가 나에게 전달되면서 억지로 교육대상에 포함되었다. 2005년은 손 지사가 관심을 가졌던 '수도권 규제 완화' 업무 소관

도시국장으로 있으면서 현안이 많았고 도시국의 특성상 집단민원도 많아 교육을 갈 상황이 아니었지만, 딸아이의 청에 손 지사는 교육을 허락했다.

교육과정은 9시에 시작하여 5시에 끝났고, 어떤 날은 더 일찍 끝나기도 하여 여유로웠다. 집에 도착하면 당시 고1이던 아들 녀석이 학교에서 돌아왔다. 공부에 별 취미를 붙이지 못하고, 남들 다니는 학원도 싫다며 집으로 와선 제 방에 처박혀 버리곤 했다. 며칠을 살펴도 아들 녀석은 제 방에 박혀 통 거실로 나오지 않았다. 아이가 학교에서 돌아올 때 집에 있어 본 적이 없으니 아이의 행동이 신경 쓰이고 덜컥 걱정되었다.

아이의 눈치를 보며 며칠을 사정하여 과일 먹으라는 핑계로 식탁으로 불러냈다. 그런데, 아이의 첫 말은 "엄마는 왜 안 하던 짓을 해?" 였다. 대화하자고 불러냈는데, 시작부터 화가 났다. "나한테 엄마가 필요할 때는 신봉리 산에 집 짓고 살며 초등학교 다닐 때였어. 그런데 엄마는 매일 바쁘다며 늦게 왔잖아. 토요일도 나가고. 지금은 익숙해져서 엄마가 없어도 나 혼자 잘할 수 있어!"라고 다음 말을 하였고, 나는 겨우 말문을 연 아이의 맘을 살피지도 못한 채, 나의 화난 마음을 똑같이 아이에게 퍼부었다. "엄마가 혼자 잘 살자고 회사 다녔어? 직장생활을 하니 어쩔 수 없는 건데 그걸 이해 못 해?"라고 했고, 결과는 참담했다. 과일은 손도 안 댄 채 아이는 제 방으로 들어가 버렸고, 나도 내 방에 처박혀 울어버렸다.

아이 어릴 때 로봇 조립을 특히 잘하고 좋아해서 로봇을 자주 사주곤 했다. 아이는 산에 살며 친구도 몇 없고 엄마는 늦게 오는 날이 많으니 심심하여 로봇을 조립했다 해체했다 하며 혼자 놀았던 것을 나는 아이가 로봇 조립을 잘한다고 주변에 자랑하고 다녔다. 엄마 역할을 지나쳐버린 지난 시절을 어떻게 보상할 수 있을까?

말다툼 후 아들 녀석도 불편하기는 마찬가지인지 우리는 며칠을 말없이 지냈다. 그러나 아이의 마음을 이제라도 다독거려야 했다. 학교에서 돌아온 아이를 달래 마트에 데리고 갔다. 카트를 끌고 물건을 담으며 아들과 시간을 함께 보냈다. 아이 어릴 때 마트에서 저 좋아하는 로봇을 사달라며 쫓아다니기는 했지만, 엄마와 같이 장 보러 나오기는 처음이었다. 아이는 귀찮다 하면서도 가끔 따라와 주었고, 맛난 것도 사 먹으며 우리는 조금씩 틈을 줄여나갔다. 나의 교육이 끝나갈 즈음엔 부엌에 나와 말을 걸어오는 보통의 모자 관계로 회복된 것 같아 마음이 좀 놓였다. 딸아이 덕분에 시작한 장기교육이지만 사실은 아들과 사이가 개선된 것이 더욱 다행이었다.

두 번째 장기교육은 도시주택 실장을 맡고 1년 반쯤 되었을 때 국방대학교로 가게 되었는데, 인천 송도 집에서 상당히 먼 거리를 운전하며 다녔다. 300명이 좀 안 되는 교육생은 대령에서 별 하나인 준장까지 군인이 많았고, 중앙과 지방의 간부 공무원과 공기업의 간부, 외국에서 온 고급장교까지 다양하게 구성되있다.

국방대학교 교육의 장점은 명확한 국가 안보관을 갖게 된다는 것, 군인을 포함한 다양한 분야의 사람들과 교류하며 네트워크를 형성할 수 있다는 점, 그리고 군 골프장이 많아서 저렴한 비용으로 골프를 배울 기회가 있다는 점이다. 그런데, 그해 3월 36일 천안함 사고를 비롯해 공군부대 헬기 추락 등 군부대에 여러 가지 일들이 발생하여 교육을 온 군인들은 행동에 제약이 많았다. 군 골프장 출입은 당연히 금지되었고 교육생들도 함께 자제하면서 골프를 치지 않았다. 10월에나 되어 골프 금지령이 해제되었지만, 얼마 남지 않은 교육 일정에 골프장 출입은 쉽지 않자 골프에 대한 재미는 사라지게 되었다.

교육생 중에 여성은 나와 육군에서 온 윤미숙 대령 둘이었다.

윤 대령은 육군 야전 현장 소위를 거쳐 성장한 군인이다 보니 활달하고 당당하였고, 우리는 남성들이 많은 조직에서 살아오며 공감하는 일이 많았다. 윤 대령은 늦게 얻은 딸아이에게 그동안 못했던 엄마의 역할을 하는데 최우선을 두었다. 내게 어린아이가 있었다면 나도 그랬을 터였다.

해외 견학은 두 번의 기회가 있었는데 브라질과 페루를 가는 일정을 윤 대령과 같이 갔다. 남미 코스는 시간과 경비를 고려하면 좀처럼 가기 어려운 곳이었는데, 이동시간이 길고 고산지역까지 있어 힘이 들었다. 일정의 하이라이트는 브라질 상파울루에서 페루 쿠스코까지 비행기로 이동한 후 잉카인들이 안데스산맥의 가파른 계곡 위 능선에 만들었다는 도시 맞추픽츠(Machu Picchu) 견학이었다. 우루밤바(Urubamba)까지 버스로 이동하여 1박을 한 후에야 산악버스를 타고 올라갈 수 있었다. 세계문화유산인 맞추픽츠를 본다는 설레임이 있었지만, 해발 3,400m에 조성된 쿠스코부터 시작되는 고산증 증세는 해발 2,800m 에 있는 우루밤바 계곡에 도착해서 더욱 심해져서 일행들은 숙소에 준비된 산소를 나누어 쓰며 고단함을 달랬다. 윤 대령이 특히 고산증이 심해 안정되기까지 걱정이 컸는데, 다음날 마주한 맞추픽츠의 장관은 고산증을 모두 날려버렸다. 10개월여의 국방대학 안보과정은 나에게는 국민 모두의 하나 된 안보관과 부단한 훈련으로 단련한 튼튼한 군대가 전쟁억지력을 만든다는 국가 안보관을 확실하게 해주는 계기가 됐다.

맞추픽츠

통근을 할까?
통학을 할까?

나는 2003년 수정구청장으로 부임하기 전까지 용인시 수지읍 신봉리 광교산 자락에 단독주택을 짓고 살았다. 아이들은 중3과 중1로 수지읍에 있는 정평중학교에 다녔다. 초등학교때부터 수지에 살고 있어 학교 친구도 많았다.

수정구청으로 발령이 나며 처음엔 수지에서 출퇴근을 했는데 시간이 가면서 지역에서는 구(區)청사 인근에 있는 관사를 비워 놓고 멀리서 다닌다고 말이 나오기 시작했다. 관사로 들어가려니 가족들이 문제였다. 한 번도 떨어져 산 적이 없던 터라 당연히 가족이 함께 이사 가기로 했는데 문제는 아이들 학교를 전학할 것인지가 문제였다. 아이들의 의견을 물으니 전학을 가지 않겠다고 했다. 내 생각에도 내가 수정구에 얼마나 있을지 모르는데 또 학교를 옮길 수 있다는 생각에 그냥 정평중학교에 놔두기로 하였다.

관사로 이사 온 후 아이들의 통학이 문제였다. 아파트단지 옆에 8호선 남한산성역이 있었는데 지하철로 10분 복정역으로 가서 수지 행 버스를 타고 50분이나 가야 학교에 갈 수 있었다. 아직 어린데 엄마 때문에 여간 힘든 것이 아니었다. 성남에 살면서 도청으로 출근하고 있는 주택과 최병배 직원에게 사정을 이야기하니 선뜻 동승을 허락해 주어 한시름 놓게 했다. 가끔 차가 못가는 날은 대중교통으로 통학을 했지만, 지금은 행자부 인천청사관리소장으로 있는 병배 씨의 도움이 있어 아이들의 통학은 훨씬 수월해졌다. 저녁에 술이라도 걸치는 날이면 다음날이 얼마나 부담이 되었을까 싶다. 지면을 빌어 큰 고마움을 전한다.

최 소장은 경기도 주택과에 있을 때부터 촉망받는 청년이었다. 잘 성장하여 공무원으로도 인정받고 있지만, 이 친구는 난 키우는 일을 지극정성으로 하고 있다. 멋진 취미를 가진 최 소장의 앞날의 행운을 빈다.

최병배 소장이 키우고 있는 난

적극행정 제도 마련
사전 컨설팅감사

국토해양부를 거쳐 국토교통부 정책관으로 교류하여 근무한 지 2년이 지나고 있었다. 2014년은 시·도지사와 시장·군수를 뽑는 지방선거가 있던 해였다. 나는 김문수 지사가 있을 때 국토부와 교류한 터라, 바뀐 도지사가 와서 모르는 척하면 내 입장이 무척 난감한 일이 될 것 같아 경기도 복귀 의사를 표시했다.

얼마 후 나는 여성으로서는 경기도 역사상 처음으로 경기도 행정을 총괄하는 기획조정실장이 되어 돌아왔다. 공무원 생활을 하며 지금은 좀 엷어졌지만 나 에겐 두 가지 핸디캡이 있었다. 하나는 기술직, 그것도 소수 직렬인 건축직으로 시작하였다는 것과 또 하나는 여성이라는 것이었다. 그러나 손학규 지사에서 김문수 지사 때 국장과 실장을 하며 인정을 받아 기조실장까지 맡아 일했고, 후에 행정부지사까지 하였으니 개인적인 영광으로 이만한 게 더 있을까 싶다.

내가 기조실장으로 있던 기간은 2014년 6월에 있을 지방선거로 공직선거법 위반 여부를 물어가며 행정을 해야 하는 많은 것들이 조심스러운 때였다. 김 지사는 출마하지 않고 마무리하던 시기여서 8년 동안 진행한 도정 현장을 다니며 확인하느라 출장이 많았다. 새로운 일을 시작할 상황이 아니었다. 그리고 2014년 4월 16일 세월호 참사는 모든 행정을 세월호 행정으로 바꾸어 놓았다. 거의 매일 단원고가 있던 안산시 현장 사무실에서 세월호 사고 수습과 지원 방안을 협의하는 회의가 열렸다.

세월호 외에 그 기간 신경을 썼던 일 중 하나는 적극 행정에 관한 것이었다. 규제 완화, 지금의 규제 합리화 업무를 추진하기 위하여 기조실에 과장급 담당관을 두었는데, 규제 완화 실적이 많이 있었음에도 일선에서 느끼는 민원인의 체감은 높지 않았다.

원인을 찾으니 여러 문제 중 하나는 공무원들이 감사를 의식해 적극적으로 법령을 해석하고 인·허가 하기 어려운 구조가 있음을 알게 되었다. "인·허가에 맞닥트린 공무원이 애매한 부분이 있을 때, 나중에 감사를 나올 상급 감사부서에 사전에 문의하고 답변을 참고하여 인·허가를 하게 하면 어떨까?"라고 제안을 하여 규제 완화 담당관에게 부서 간 협의를 추진하게 했다.

그러나 감사부서는 인·허가 후 감사를 하고 잘못 여부에 따라 처분을 하는 것이라며 반대했다. 실무협의가 부정적이라는 의견을 듣고 감사관을 직접 찾아가서 의견을 나누었다. 그렇게 하여 감사관은 기존에 있던 '사전컨설팅감사규정'을 구체적으로 보완하여 '사전컨설팅감사를 받아 처리한 인허가에는 책임을 묻지 않는다'는 「경기도 적극행정 지원을 위한 사전 컨설팅감사 운영 지침」을 2014. 5월 만들어 운영하게 됐다. 이와 함께 경기도는 「경기도 공무원 등 적극행정 면책 및 경고 등 처분에 관한 규정」도 만들어 행정을 적극적으로 처리하도록 시스템을 바꿔 나갔다.

이 제도는 경기도에서 적극 행정으로 활용되며 성과를 냈다. 이후 내가 화성시 부시장으로 있을 때 완주 지방행정 연수원에서 행자부 차관이 주관하는 전국 부시장·부군수 회의에서 화성시의 행정 사례를 발표할 기회가 있었다. 이때 나는 '경기도의 사전컨설팅감사를 통한 적극행정 사례'도 곁들여 발표했는데, 참석한 사람들은 나의 일목요연한 발표에 집중했다. 이런 일이 있고 행자부는 2015. 5. 18 「공공감사에 관한 법률」 시행령 제 13조의2에 '신청에 의한 일상감사' 조항을 신설했다. 경기도에서 처음 시작한 적극행정 시스템이 중앙으로 역수출된 것이다.

이 제도는 다시 진화하고 있다. 박수영 국민의 힘 국회의원이 2021년 9월 '사전컨설팅감사법'을 대표 발의한 것이다. 박 의원은 2014년 내가 경기도 기조실장으로 일할 때 행정1부지사였다. 나의 제안을 받아들이고 적극적으로 지원했는데, 적극 행정의 운영 근거가 대통령령과 국무총리 훈령에 머물러 실효성이 떨어진다는 문제점에 대한 대안으로 「공공감사에 관한 법률 개정안」을 발의한 것이다.

박 의원은 "사전컨설팅감사는 미리 감사관과 관련 부서에서 최선을 다해 결정한 것을 따라 집행하면 미리 면책이 확정된다는 점에서 적극 행정 면책 제도와 결정적 차이가 있다"라며 "기존 감사 제도를 완전히 바꾸는 패러다임의 전환이 일어날 것" 이라고 밝히고 있다.(뉴스1, 2021. 9. 7보도)

사전컨설팅감사를 할 때 가장 중요한 부분은 시·군 담당 공무원이 궁금한 부분을 명확하게 대답해 주어야 효과가 있다. 시간이 갈수록 감사부서의 답변이 모호해 지면서 컨설팅 결과 활용도가 떨어지고 있다. 누군가 의지를 갖고 적극적으로 관리해야 적극적이고 빠른 행정 처리로 민간의 성과를 올리고 국가 성장 동력으로 이어진다. 초심을 잃지 않고 적극 행정이 지속 되어 나가길 바란다.

경기도 기획조정실장,
화성시로 날아가다

2014년 6월 30일. 지방자치 민선 5기 김문수 경기도지사는 임기 마지막 날 퇴임식 대신 의정부시 가능역사 옆에서 무료급식 봉사인 '밥 퍼' 행사를 하는 것으로 공식일정을 마무리하기로 했다. 8년간 경기도지사로 있었는데 담당 부서 외에 선뜻 떠나는 상사를 배웅하기 위해 따라나서는 간부가 잘 보이지 않았다. 기조실장을 맡고 있던 나는 의정부에서 김 지사의 퇴임 일정을 같이한 후, 행사장에서 그간의 인연을 뒤로하며 떠나는 지사와 인사를 나누었다.

행사를 마치고 돌아오는 차 안에서 행정1부지사의 전화를 받았다. "어디세요? 할 말이 있으니 사무실로 오세요"라고 했다. 서둘러 부지사실로 들어가니 부지사는 신임지사가 기조실장을 바꿀 계획이니 신임 기조실장으로 오기로 한 용인시 부시장으로 가야겠다고 했다. 신임지사가 들어오자마자 첫 번째 지시가 기조실장 바꾸라는 거였다니 순간 무엇이 잘못되었는지 판단하기 어려웠다. 그러나 '새 술은 새 부대에 담으려 할 수 있겠다' 이해하려

들면서도 이유를 물었다. 그런데, 뜻밖의 부지사 대답에 뒤통수를 세게 맞은 듯 아득해졌다. 내가 도지사 선거 과정에 신임지사의 반대당 도지사 후보의 사무실을 들락거리며 선거 지원을 하였다는 것이 이유인 것 같다고 하였다. 평생 공직에 있으며 누구에게나 통하는 원칙과 공정, 업체와의 객관적인 관계, 선거 불개입 등 몇 가지의 내 나름 원칙을 갖고 살아왔는데 참으로 황당하고 어이없는 일이었다.

그러나 이미 신임지사가 결정한 일이라 하고 나에게 확인도 하려고 하지 않으니 항변한들 무슨 소용이 있을까 싶었다. 내가 선거에 개입했다면 그것은 범죄이고 공직선거법 위반으로 고발을 하여 죄를 물어야 한다. 누구의 모함인지도 모르고, 나로선 한 일이 없으니 아니라고 증명할 것도 없는 것이 참으로 어이가 없을 뿐이다.

또 한 가지 황당한 일은 내일이면 신임지사가 취임하여 지사실에서 지사가 취임 선서를 하는데, 앞으로 명령이 날 예정인 신임 기조실장이 들어오란다는 지시였다. 누군가의 모함으로 공직생활에 최고 비참한 순간이 되었다. 지사 취임과 함께 하루 만에 기조실장 자리에서 물러나 발령 대기 상태가 되었다. 내가 맡을 자리는 받아줄 시장과 협의를 하고 행자부의 승인까지 있어야 하니 시간이 걸렸다. 문제는 부지사가 제안한 용인시에서 나를 받지 않겠다고 한 것이다. 이유를 직접 듣지는 못했지만, 표면적인 이유는 '여자 부시장은 싫다'는 것 같다는 것이었다. 갈수록 며칠 전까지 경기도 기조실장이던 내 처지는 꼴이 말이 아니었다. 경기도는 새로 출범하는 도정을 챙기느라 나의 문제는 뒷전이었다.

그러던 어느 날 채인석 화성시장으로부터 연락이 왔다. 나를 부시장으로 받고 싶다는 것이며 나의 의향을 물어왔다. 화성 시는 지금은 전국 최고의 경쟁력을 갖은 명실상부한 대도시이지만, 그 당시는 인구가 50만 명이 넘은 지 얼마 되지 않아 2급 공무원이 갈 수 있는 대도시 그룹에서는 좀 하위에 있는 도시였다. 선배 기조실장은 간 적이 없는 도시였다. 그러나 여자라서 못 받는다는 용인시 이야기까지 들은 터라 선뜻 가겠다고 약속을 했다.

정식 화성시 부시장으로 발령이 나기 전 채 시장에게 인사하러 갔다. 인사를 나누며 채 시장에게 일면식도 없는 나를 선택하게 된 이유를 물었다. 답은 간단했다. 나를 잘 알고 있는 도의원을 하다가 지금은 고양시장으로 있는 이재준 시장의 소개를 받았다는 것이고, 알아보니 지금의 난개발 화성시 입장에서 내가 꼭 필요했다고 대답했다. 나는 시장에게 한 가지 약속을 했다. 다른 시에서 나를 부시장으로 받지 못하는 이유 중 하나는 내가 여자이고 전략공천을 받아 잠재적 시장선거 경쟁자가 될지도 모른다는 우려 때문이라는데, 채 시장에게 해(害)가 가는 선택은 하지 않을 거라고 약속했다. 나의 그 약속에 속마음은 어떤지 모르지만 채 시장은 "부시장님 같은 분은 선거에 나가도 괜찮아요"라고 했다. 그러나 내가 지금까지 남에게 신뢰를 받는 이유 중 하나는 내가 한 말에 대한 책임 속에 나오는 것 아닌가 하는 생각에 스스로 미소 지어본다.

화성시 부시장으로 부임하니 여러 가지 사업이 뒤섞인 채 답보상태에 있고 선거가 박빙으로 끝난 터라 선거 휴유증도 함께 있어 보였다. 업무 파악과 함께 시장과 소통해 가며 사업별로 추진 가능한 사업들을 추리고 직접 관계기관을 방문 설득해 가며 행정을 챙겨 나갔다.

자연히 사업의 추진력은 붙었으나 화성시 안에서 수동적인 행정에 익숙해 있던 직원들로서는 넘치는 에너지를 가진 부시장이 부담스러웠을 것이다. 명예 퇴임을 앞둔 화성시의 신승우 국장이 다가와 넌지시 "부시장님~ 왜 이렇게 열심이세요? 다른 부시장들은 1~2년 조용히 있다 잘 가셨어요~"라고 하였다. 편하게 있다 경기도로 가면 될 터인데 왜 이렇게 직원들 힘들게 하는지에 대한 직원들 불만을 전달하는 것이었다. 일을 앞에 두고 눈 감는 것이 익숙하지 않았던 나는 묵묵히 내가 해야 할 일을 해나갔다.

만 2년을 있으며 첨단기업, 신도시, 산업단지, 농촌, 바다까지 없는 게 없는 대한민국의 축소판 화성시에서 많은 일을 할 수 있었다. 화성시 직원들의 일하는 형태를 조금은 업그레이드할 수 있었는데, 모든 것은 실질적인 행정 권한을 행사할 수 있게 해 준 채 시장의 변함없는 신임과 지지 속에 가능한 것이었다. 시장은 다른 시장들을 만나면 나에 대한 칭찬과 지지를 분에 넘치게 하였다. 특히, 나를 부시장으로 받아들이지 못한 선배인 용인시장에게는 약이 오를 정도로 나를 치켜세워 주었다.

채 시장은 학교복합화사업을 적극적으로 추진했다. 옛날 초등학교 운동회가 열리면 온 마을 사람들이 나와 잔치 분위기가 되곤 했다. 여기에 착안하여 학교를 중심으로 마을 주민들이 모일 수 있도록 학교 교장으로부터 교지를 할애받고, 시 예산으로 아이 돌봄 센터, 어린이집, 도서관, 체육관, 카페. 등 마을 사람들이 아이들과 함께 쓸 수 있는 복합건물을 짓는 사업이다. 낮에는 학생들

쪽으로 통하게 하며 아이들이 사용하고, 방과 후에는 학교 쪽으로 연결된 문을 폐쇄하여 마을 주민들이 사용할 수 있도록 하여 복합 건물이 마을의 사랑방 같은 열린 문화공간이 되도록 했다 학교에는 줄어드는 운동장을 대신할 수 있는 공원을 학교에 인접하게 계획하여 체육 공간으로 활용하도록 했다.

화성 부시장으로 가서 내용을 파악하니 아주 좋은 사업이었다. 그러나 교육청에서는 아이들의 안전을 문제로, 국토부는 지침에도 없고 해보지 않은 사업이라서 반대하고 있었다. 우선 내부적으로 8개로 정해 놓은 학교 복합화 사업추진이 가능한지 도면과 현장을 일일이 확인했다. 시장에게 사업이 가능한 것으로 보고 되었으나, 학교에서 시에 제공하는 교지 대신 학교 옆에 운동장으로

화성시 부시장이 어린이와 함께 어울리는 모습

제공해 주어야 할 공원 배치가 어려운 곳을 제외하고 나니 대상사업이 6개로 줄어들었다. 직원들과 함께 그 결과를 시장에게 보고했다. 시장은 그 자리에서 왜 8개를 할 수 있다고 거짓 보고를 했는지 직원들을 몰아세웠다. 그러나 현실이 그렇다니 시장도 못 이기는 척하며 받아들였다. 그렇게 전국 최초의 학교복합화사업 추진대상이 결정됐다.

직원들과 교육청, 국토부를 다니며 학교복합화사업에 대해 계속 설명하며 안전에 문제가 없게 보완해 나갔다. 학교장에게도 찾아가 설명했지만 처음 보는 사업에 누가 책임을 질 수 있을지 확답하는 사람이 없었다. 결국 '시장이 문제가 생기면 책임을 진다'고 하니 조금씩 진전되기 시작했고, 동탄 2신도시 시범지구 학교복합화 건물을 시작으로 다른 학교복합시설들도 사업추진에 동력이 붙게 되었다.

부시장으로 근무한 지 2년이 되어 갈 무렵 나는 채 시장에게 경기도로 돌아가고 싶다고 하였다. 4년의 시장 임기 중 2년을 한 사람의 부시장이 썼으니 그 이상은 욕심이라고 생각했기 때문이다. 시장은 아쉬운 눈치였으나, 새로운 분위기를 만들 기회로 받아들이며 나의 떠남을 축하해 주었다. 화성시의 현직과장들로 구성된

화목회는 유소년 야구 메카 조성, 함백산 메모리얼파크 건립, 매향리 평화생태공원 조성 등 대형 프로젝트의 추진력을 특별히 인정해 나에게 석별의 정을 나눠주었다. 멋진 인연이다.

화성시를 생각하면 또 하나의 인연이 떠오른다. 내 차를 운전하며 때로는 비서가 되어 주기도 한 단비 아빠 조권희 주무관이다. 부시장 자리는 이래저래 외부 회의나 협의를 진행해야 할 때가 많고 특히, 나는 중앙부처나 외부 기관 협의에 직접 뛰는 경우가 많아 차로 이동하는 시간이 많았다. 조 주무관은 운전만 잘한 것이 아니고 주변 상황을 고려해 내가 신경 쓸 일이 없도록 최선을 다해 주었다. 보통의 기사가 운전만 하는 것에 비해 이것저것 잔일을 하는 것도 즐거워했는데 내 생각만은 아닌지 모르겠다.

화성시제공 경기도가 주최한 창조오디션에서 최우수상 수상 후 기념촬영

아이는 둘 있었는데, 둘째 아이가 가뭄 끝에 단비가 온 날 태어난 귀한 딸이라고 단비라고 이름을 지었다고 했다. 단비는 네일아트에도 재주가 있었는데 지금도 취미를 살리고 있는지 모르겠다.

조 주무관은 아이 교육에도 철학이 있었다. 대학교에 입학하면 스스로 학비도 벌고 독립적으로 생활하도록 한다는 것이었는데, 나는 처음 그 이야기를 듣고 깜짝 놀랐다. 아이들이 대학이 아니라 대학원을 거쳐 직장생활하는 지금도 집에 두며 지원을 하는 캥거루인데, 아이들의 자립심을 키우며 건강한 생활을 가르치고 있는 그가 부러워진다.

조 주무관은 큰 아이 결혼식 날도 와주었다. 와준 것만도 고마운데, 큰 카메라를 들고 셔터를 연신 눌러댔다. 순간 포착 사진을 찍어서 신랑 측, 신부 측 두 권의 앨범으로 만들어 주었다. 예상치도 못한 평생 기억될 그의 선물을 밤새도록 보고 또 보고 했다. 조 주무관이 그림 그린다는 이야기는 들은 적이 없는데, 어느 새해 아침, 직접 그린 예쁜 카드를 보내왔다. 고마워요~ 단비 아빠.

왕 고참, 경기도의회 사무처장이 되다

화성시 부시장 2년까지 더해 2급 공무원이 된 지 만 8년 만인 2008년 7월 경기도의회 사무처장으로 발령이 났다. 경기도에서는 보통 2급으로 승진하면 의회 사무처장으로 발령을 낸다. 이런 자리에 8년이나 된 이사관이 어떻게 갈 수 있었을까?

나는 화성시 부시장으로 간지 만 2년이 되어 갈 무렵 어디든 자리가 있으면 개의치 않고 이동하겠다고 경기도 인사 부서에 알렸다. 지금은 안산시장으로 일하는 윤화섭 당시 경기도의회 의장이 2016년 6월 예고도 없이 화성시로 나를 찾아왔다. 내가 인사 대상이 된다는 이야기를 전해 듣고 나를 의회 사무처장 요원으로 경기도에 요구하겠다고 내 의중을 떠보기 위해 온 것이다.

윤 의장은 내가 도시주택 실장을 할 때 도시환경위원회에서 활동하며 내가 일하는 태도를 눈여겨봤던 것 같다. 시작부터 지사와 어긋난 터라 인사에서 승진은 쉽지 않다고 생각했고, 별다른 생각 없이 이동에 방점을 두니 가지 못할 곳이 없었다. 초임지에 갈 정도로 나의 가치가 없어졌다고 주변에서 구시렁대는 소리도 외면할 수 있었다. 그렇게 윤 의장의 추천을 받아 경기도의회 사무처장이 되었다. 그러나 경기도의회는 지방선거 후 2년이 경과 하면서 후반기 의장을 새로 선출하는 과정에 있었고, 새로운 정기열 의장이 취임해 추천한 사람과 함께 일할 사람이 다르게 되었다.

젊은 정 의장과 9개월을 호흡을 맞추며 처음 근무하는 도의회 행정을 지휘했다. 의장은 의회를 대표하고 의회 행정 지휘는 사무처장이 하는데, 정 의장은 행정까지 지휘하고자 했다. 사무처 직원들의 불만이 튀어나왔다. 그러나 도 의회의 가치는 의원의 의정활동에서 시작하는 것이고, 의원들의 의정활동이 불편하게 않게 지원하는 것이 나의 일이라 정리하니, 정 의장과의 사이도 시간이 지나면서 안정되었다. 나는 아침에 행정을 보고 나면 상임위원회를 돌며 의원들과 소통하고 불편함이 없는지를 파악하는 것으로 하루를 시작했다. 자연히 의원들과 가까워지고 의회 사무처 행정에도 속도가 붙었다.

해가 바뀌면서 행정2부지사를 포함한 1급 인사가 진행되었다. 인사를 담당하고 있는 행정1부지사를 찾아가서 내가 특별히 하자가 있는 것도 아니고 행정 경험도 월등히 많은 나에게 행정2부지사로 일할 기회가 있으면 좋겠다고 내 의사를 전달했다. 그러나 '지사의 의중에 첫 번째, 두 번째도 나는 없어 보인다'는 행정1부지사의 대답에 참으로 난감했다. 해명할 것이 없는 나에게 책임을 묻는 지사의 판단이 야속했지만 할 수 있는 것이 없었다.

정 의장은 나의 상황을 이해하고 불이익이 작용하지 않게 응원했지만, 결국 행정2부지사는 한참 후배가 가는 것으로 내정되었고 나는 공모직인 경기도 황해경제자유구역청장에 도전하여 2017년 3월 의회 사무처장 9개월 만에 1급으로 승진하게 되었다. 공무원 역사상 2급 공무원을 9년씩 하는 사람이 또 있을까? 누군가의 모함 덕분이긴 하지만, 뒤돌아보면 마음이 힘들어도 내색하지 않고 인내한 결과가 아닐까 싶다.

황해(경기)경제자유구역청장, 평택항만의 가치에 놀라다

2017년 3월 3일 황해경제자유구역청, 지금의 경기경제자유구역청 청장으로 취임했다. 황해는 최초 경제자유구역 지정 당시 당진·송악 등 충청남도 구역과 평택항 지역 경기도를 묶어 사업을 추진하면서 서해 바다에 함께 면해 있고, 중국 투자유치도 고려하여 '황해'라는 작명을 한 것으로 보인다.

내가 청장으로 부임 했을 때 충청남도 구역은 경제자유구역에서 제외되고 평택시 일원도 많이 조정된 후 포승지구와 현덕지구 합쳐 130여만 평 규모로 대폭 축소되어 있었다. 우리의 역사 속에 중국과의 교역이 활발했던 시기인 삼국시대부터 당나라와 교역을 하며 드나들었을 항구에 평택항이 포함될 것으로 보인다. 당진이라는 지명이 남아 있는 것이 우연일까?

개발 사업 행정과 기업 투자유치를 진행하며 어떻게 하면 이 지역의 가치를 올릴 수 있을까 고민했다. 청사가 있던 건물의 14층에는 평택항 전망대가 있었는데, 나는 특히 바다가 훤히 보이는 이곳에서 경제자유구역이 활성화될 방안을 찾아 골몰했다. 한 가지는 급속히 커가는 국제 전자상거래 시장을 보며 평택항을 통해 들어오는 전자상거래 화물이 육상화물 운송차에 옮겨 실려 인천항으로 가서 다시 하역 후 특송 통관처리가 된 후 물류 거점으로 이동이 시작되었는데, 국가적으로 비효율이 여간 큰 것이 아니었다. 이곳 평택항에서 특송 화물 통관처리가 되고 물류 이동이 여기서 시작된다면 기업의 효과도 증가할 수 있다. 투자하는 기업을 위해서도, 황해 경제자유구역 활성화를 위해서도 꼭 해결해야 할 과제였다.

상황을 파악한 후 우리 청사 바로 뒤에 있는 평택 직할 세관을 방문하여 협조를 요청했다. 그 자리에 나온 세관장은 "평택항에 특송장을 설치해야 할 이유는 천 가지, 하지 않을 이유는 하나도 없습니다. 그런데, 올해는 예산 작업이 이미 기재부로 넘어갔으니 내년에 검토합시다."라고 말했다. 이미 국가 간 경계를 넘어 지역 간 경쟁이 치열하게 진행되고 있는 투자유치 환경에서 대한민국의 투자 여건 개선을 위하여 문제가 있으면 바로 대응책을 논의해야 할 텐데, 관세청에서 기재부로 예산안을 제출했다고 1년 이상을 손 놓고 있자는 대답이 선뜻 이해가 되지 않았다. 이후에 한 번 더 평택세관을 방문하였으나 세관장의 생각은 바뀌지 않았다.

할 수 없이 인맥을 동원하여 세관의 상급부서인 관세청 통관 국장을 여의도 인근 커피숍에서 만나 협조를 요청했다. 통관 국장 역시 필요하다고 하면서도 "기재부에서 관세청에 할당한 예산은 이미 다른 예산 과목에 편성하여 여유가 없다. 기재부에 협조 요청을 해달라" 고 말했다. 3억 남짓 예산으로 큰 효율을 낼 수 있는 사업인데, 관세청 국장도 적극적이지 않긴 마찬가지였다.

점심을 인근에서 간단히 해결하고 기재부로 출발했다. 가는 길에 기재부 담당과장에게 전화하여 방문 시간을 정하고 경기도 물류 항만 과장과 평택시 항만 과장에게 동행 의사를 물으니, 평택시 김천웅 항만 과장이 우리 시의 일이라고 적극적으로 일정을 조정하며 동행 의사를 밝혔다. 갑자기 만든 출장이었으나 세관, 관세청 모두 기재부로 가보라 하니 별다른 방법이 없었다.

약속 시간에 맞춰 도착했으나, 관세청 담당 기재부 과장은 회의에 참석 중이라 한참을 기다려야 했다. 청장이 쭈그려 앉아있는 모양은 빠졌지만, 자주 가기도 어려운 기재부 사무실 한쪽에 앉아 1시간 이상을 기다리고 있으니 담당과장이 다가와 미안하다는 말을 여러 번 했다. 온 이유를 설명하니, "관세청에 지난해보다 예산 씰링(ceiling : 각부처에서 다음년도 예산으로 요구한 금액에 대해 재정부서에서 정해주는 최고한도액)을 더 줘서 여유가 있을 것이고, 얼마 되지도 않는 특송장 설치 예산은 관세청에서 반영 해야 합니다."라고 관세청 쪽으로 화살을 돌렸다. 한참을 더 설득했으나 답도 없이 되돌아서야 했다. 다행인 것은 기재부 김 과장이 관세청 협의 결과를 알려 달라고 한 것이다.

며칠 후 다시 관세청 국장을 만나 기재부 협의 결과를 알렸다. 서로 원격으로 핑퐁을 하는 것이 못마땅했지만 아쉬운 것은 평택시, 경기도였으니, 내가 다리품을 좀 더 팔면 될 일이었다. 관세청 주시경 통관 국장도 두 번째 만났을 땐 좀 진지해졌다. 안된다고 하면 제풀에 떨어질 줄 알았는데, 며칠 만에 기재부를 들러 다시 나타난 나를 보았으니 말이다. 그러면서 주 국장은 경기도가 기재부를 설득해 달라고 사정했다. 나는 다시 기재부 김 과장을 만나서 관세청이 어려운 이유를 설명하며 특송장 예산이 꼭 필요하다고 말했다.

금액도 얼마 되지 않아 경기도 예산으로 반영하고 싶지만, 기준에 따라 정부 예산으로 반영해야 하는 것이 문제였다. 참으로 지루하고 집요한 설득이었다. 기재부에 가보라면 기재부에, 관세청에 가보라면 관세청에, 말한 대로 다 하였으니 양쪽 어느 기관도 더 핑계 대기 어려웠을 것이다. 그렇게 여름을 지내고 보니 국회에 제출된 정부 예산안에 '평택항 특송장 설치 예산 3억 2천 9백만 원'이 반영되어 있었다. 힘들었던 중앙부처 방문기가 스쳐 지나가며, 평택항에 큰 변화가 올 것이라는 기대 속에 투자유치 부서와 만세를 불렀다.

사실 황해경제자유구역 청장은 경제자유구역을 개발하고 투자유치를 하는 것이 주 임무다. 평택항 활성화는 해양수산부나 경기도, 평택시가 국가의 미래 경쟁력을 위해 추진해야 할 일이고, 나는 평택항에 인접해 있는 구역 개발 임무이니 내 일이 아니라고 생각했다면 평택항의 특송장 설치를 위한 노력은 가당치 않았을 것이다.

그러나 행정을 하는 사람의 최종 목표는 국가 경쟁력 아닌가? 누구라도 해야 했을 일이고 내가 할 수 있는 일에 조금 힘을 보태고 결과가 좋으니 감사할 일이다. 나는 그 일을 포함해 평택항과 관련된 몇가지 일을 인정받아 평택시청 출입 기자단이 뽑은 '2017 평택을 빛낸 사람'에 선정됐다.

황해경제자유구역은 명칭에 걸맞지 않게 규모가 2개 지구를 합쳐도 132만 평으로 아주 작은 규모였다. 경기도의 미래를 생각할 때 평택항 지역에 국한된 지리적인 문제나 활용도 면에서 확장할 필요성이 있었다. 외자 유치에 있어 유리한 해역이며 공항에서도 가까워 손색이 없는 수도권 지역인데, 단기적인 경제 여건과 민원에 치중해 지구 대부분을 축소 해제한 것이 아쉬웠다. 초기 검토 과정을 거쳐 지도·감독 기관인 경기도 투자정책과에 의견을 전달하였으나, 당시 과장은 지방선거가 다가오는데 괜히 문제 만들지 말고 기존대로 추진하기를 바랬다.

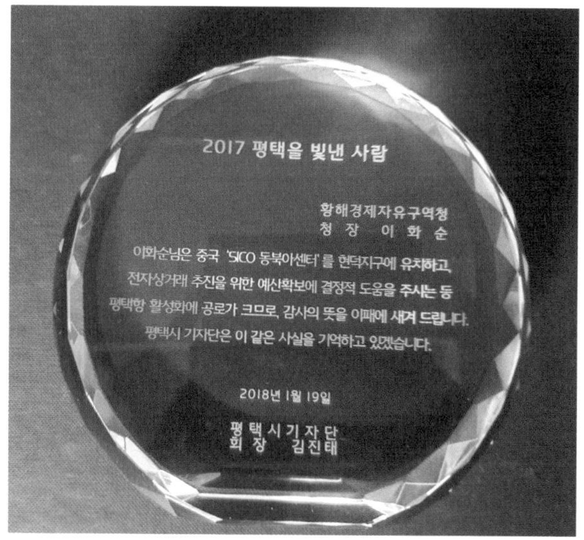

평택시기자단 감사패

그러나 경제 여건은 시간이 지나면서 바뀔 것이고, 선거 때문에 미래를 준비하지 않아 필요한 상황이 되었을 때 낭패를 당할 수 있었다. 미래는 준비하는 사람이 미리 맞을 수 있는 것 아닐까? 경기도에 필요성을 재차 설명하며 '알아서 하라'는 의견을 전달받은 후 '황해경제자유구역 추가 지정 타당성'에 대해 검토하기 시작했다. 내가 떠난 후지만 후일 경제자유구역은 시흥 배곶 지구를 포함해 확대 지정되었다.

황해경제자유구역 중 현덕지구는 내게 참 아픈 손가락이다. 규모는 70만평 정도 되고 농지가 대부분인 지구다. 2008년 5월 지구 지정 이후 6년만인 2014년 1월 황해경제자유구역청장이 '○○○ 개발'이라는 회사를 사업시행자로 지정했지만, 2017년 3월 내가 황해경제자유구역 청장으로 부임할 때까지 개발계획 변경과 및 실시계획 인·허가 등으로 사업이 본격 추진되지 못하고 있었다.

직접 사업관계자를 만나며 사업추진을 독려하고 지원방안을 모색했지만, 약속을 여러 번 어기고 사업추진 의지가 있는지 의심되었다. 결국 '사업 시행 기간 내 개발 미 완료 예상, 정당한 사유 없이 토지보상 및 시행 명령 불이행, 자본금 확보 미이행'이라는 이유로 청문을 거쳐 2018년 8월 31일 사업시행자 지정을 취소했다. 취소하기 전 실질적인 사업자금 확보를 요구하며 취소소송으로 이어질 것에 대비하여 여러 차례에 걸쳐 사업관계자 간담회를 하며 확인 과정을 거쳤다. 사업시행자가 말을 번복하며 신뢰를 주지 못하고 있는 사항과 사업추진이 어려운 상황에 대한 기록을 남기고 문서로 사실관계를 분명히 해나갔다.

취소 절차가 진행되던 2018년 6월 제7대 이재명 경기도지사가 당선되어 도지사인수위원회가 꾸려지고 실·국 별로 보고가 이어졌다. 사업시행자는 시행자지정 취소에 반발하며 인수위원회까지 접근하여 적극적인 로비를 한 것 같다. 황해경제자유구역청도 순서가 되어 인수위원회에 보고하러 갔는데 인수위원들의 질문이 현덕지구 사업시행자 지정취소 여부에 집중된 것이 놀라웠다.

다만 인수위원들의 질문 취지가 황해청의 취소 입장에 공감한다는 것인지, 취소하지 말라는 것인지는 한 번의 대면보고 상황에서 알기 어려웠다. 사업시행자의 인수위 접근이 의심되었지만 명확한 나의 입장은 변함이 없었다.

도지사가 취임하고 업무 파악이 되며 여름 휴가철이 되었고 이지사도 휴가에 들어갔다. 사무실을 지키던 나는 8월의 어느 날 이지사에게 걸려온 전화를 받았다. 지사는 거두절미하고 '현덕지구

취소'에 대해서 질문했다. 한직이던 황해청장에게 갑작스럽게 휴가 중인 도지사의 전화도 당황스러운데, 전화를 받자마자 시작부터 현덕지구에 대해 질문하니 더 당황할 수밖에 없었다.

지사 비서실에 서면보고 자료를 몇 번 올렸었는데 다시 묻는 이유가 궁금했지만, 놀란 마음을 정돈하며 사업시행자를 취소해야 하는 이유를 일목요연하게 설명했다. 중요사안으로 내가 직접 관리하고 있던 사안이라 간결하면서도 핵심적인 사항을 지사께 전달할 수 있었다.

나의 설명을 이 지사는 아주 빠르게 이해했고 나의 의견대로 공정하게 원칙대로 추진하라는 지시를 했다. 아울러 '평택항이 활성화될 방안'에 대해도 물었는데, 이것에 대해서는 별도로 서면보고 해달라고 지시했다.

그렇게 현덕지구 사업시행자 지정이 8월 31일 취소되었다. 사업시행자 자격이 유지되어야 사업수익이 보장되는데, 취소행정에 그냥 있을 시행자는 없었다. 2018년 10월 시행자인 ○○○개발은 황해청장을 상대로 '사업시행자 지정 취소에 따른 집행정지 및 본안소송'을 제기했다.

변호사의 도움을 받으며 소송에 대응했으나, 집행정지 소송을 1심 재판부가 인용하여 사업시행자가 승소했다. 집행정지 사건이라 인용 가능성이 컸으나 피고인 내가 2심에서 이기려면 결정적인 사실을 찾아야 했다.

사업시행자는 '사드 피해로 대중국 투자유치가 어려워 사업 진행이 늦어진 것은 불가항력이다' 라고 하며 시행자 지정취소는 잘못된 것이라고 시종일관 주장했다. 나는 '사드가 투자유치에 결정적인 영향을 주지 않았다는 객관적인 사실'을 찾는 데 집중했다. 마침 산업통상부와 KOTRA에서 매년 '외국인 직접투자 현황'을 파악하여 발표하는 자료가 눈에 들어왔고, 확인해보니 같은 기간에 FDI(Foreign Direct Investment = 외국인직접투자)는 영향을 받지 않았고, 오히려 늘어난 데이터를 확보할 수 있었다.

변호사를 통해 변론서로 원고의 주장이 이유 없음을 제출했고, 결국 집행정지 2심 재판부는 1심과 반대로 황해청 손을 들어 주었다. 며칠 후면 경기도 행정2부지사로 영전하는 나는 무거운 숙제를 해결하고 후임자에게 인계하게 되니 마음이 홀가분했다.

내가 떠난 이후 2019년 5월 10일 대법원에서도 원고의 집행정지 소송 상소를 기각하여 황해청이 최종 승소하게 되었다. 이후 본안소송도 진행되었는데 1심 2심 모두 황해경제자유구역청의 처분에 문제가 없음을 법원이 확인해 주었다. 최종적으로는 2020년 9월 24일 대법원에서 본안소송 황해청 승소를 선고했다. 황해경제자유구역청이 대체사업자 지정을 추진하는 데 걸림돌이 해소되었다.

평택시 항만수산과 제공, 불 밝힌 평택항

현덕지구 특혜논란에 대해 특별감사를 받다

2018년 8월 10일 경기도는 '이재명 지사의 긴급지시에 따라 평택 현덕지구 특혜비리 논란의 원인을 명확히 규명하기 위한 특별감사에 착수한다'라고 발표했다. 당시 경기도 감사총괄담당관이 발표한 발표문에 의하면 2012년 8월 지식경제부의 개발계획승인을 받아 경제자유구역으로 지정된 현덕지구에 특혜행정이 반복되면서 현덕지구 개발사업은 7,500억 투자에 4,300억 추정이익이 발생하는 '황금알 낳는 사업'으로 바뀌었다며, 이 지사가 내부의 부정부패 의혹에 대해 철저히 규명할 것을 감사관실에 지시하였다고 밝히고 있다.

사업시행자 지정취소를 위한 청문 절차를 진행하던 나는 그날로 특별감사 대상이 되었다. 특이한 것은 특별감사를 지시하던 날 몇 시간 전 밤에 같은 내용의 언론 보도가 인터넷으로 올라왔고 그 내용을 복사하여 특별감사의 이유로 제시하였다는 것이다. 어떻게 사실 확인도 없이 신문 보도를 확신하며 특혜행정이라고 단정하여 지사가 몇 시간 만에 특별감사를 지시할 수 있는지, 담당

부서에 확인 한번 할 가치는 없었는지 여러모로 혼란스러웠다. 사업자의 사업 진행에 문제가 있어 '사업시행자 지정취소'라는 힘든 과제를 추진하고 있던 나는 공무원 평생 처음 특혜의혹으로 특별감사 대상기관이 되어 여기저기서 걱정하는 소리를 들어야 했다. 감사관실의 감사에 따라 직원들은 자료를 만들어 대느라 힘이 들었다. 문제 되는 행정을 한 적이 없다는 직원들의 주장은 받아들여지지 않았다. 특혜행정이 있어 감사 하라고 지시를 받았으니 감사관으로서 특혜를 확인하려 드는 것은 당연했다. 그러나 감사는 문서와 사실에 근거 해야 하는데, 지시받은 대로 결과를 만들기 위해 감사한다면 누가 수긍할 수 있을까?

감사를 받던 현덕 담당 팀장은 감사 진행 상황을 보고하며, 감사관이 '다 필요 없고 청장이 사업자 승인 취소를 하지 못하게 지시했다'라는 확인서만 써오라고 종용한다고 내게 보고했다. 사업자에게 문제가 있어 취소 절차를 진행하는데, 소송에 대비하여 법적 요건을 갖추며 진행하라는 나의 지시가 있었으나 어이가 없었다. 감사반장으로 나온 감사관은 내가 경기도의회 사무처장으로 있을 때 부하직원으로 함께 일하던 직원이라 나의 일 처리 방식을 알고 있었을 텐데, 특혜행정이라는 결과를 도출하려고 무리수를 두었던 것인가? 두 달의 강도 높은 감사 후 경기도 감사관은 11월 7일 '현덕지구의 개발계획변경 과정에 별다른 특혜나 절차위반은 없었다' 고 발표했다. 오히려 평택시가 담당했던 국공유지 매각에 문제가 있다며 평택시 공무원에게 경징계가 요구되었다. 힘든 터널을 지나왔지만 너덜너덜해진 내 인생은 어떻게 보상될 수 있을까?

황해경제자유구역청에서 만난 인연이 여럿 있지만 유독 생각나는 사람이 있다. 세 아이를 키우는 다경 아빠 한기성 주무관인데, 스마트하고, 의리가 있고, 마음이 아주 멋있는 친구여서 동료들 사이에 인기가 많았다. 축구선수 출신으로 운동도 꾸준히 하는 사람이다. 한 주무관은 내가 청장으로 근무할 때 경기도의회 소속 직원이었다. 의회 사무처장으로 있으며 눈여겨본 그에게 평택으로 와서 근무할 수 있는지 의사를 물으니 냉큼 달려와 주었다. 멀리 다니며 피곤할 터인데 선뜻 대답해 준 한 주무관이 고맙다.

가까이 있는 사람을 살펴줬어야 했는데, 황해청 근무할 때 나의 건강이 좋지 않아 오히려 걱정을 끼친 것이 맘에 걸린다. 다경 아빠의 처가는 청양인데 청양의 좋은 구기자를 먹지 않고 있는 것에 놀랐다. 나는 기회를 잃지 않고 한 주무관의 장모님을 통해 최상품 청양 구기자를 구해 일 년 내내 보리차 삼아 먹었다. 그걸 본 후로 한 주무관은 가을 구기자 열매가 붉어질 때면 올해의 구기자 작황을 알려주며 청양 구기자를 기대하게 해주었다. 해마다 보내오는 구기자에 묻어온 그의 정에 나의 마음이 구기자처럼 밝아진다.

나는 투자유치를 위해 외국에도 여러 번 나갔었는데, 중국에 갈 때는 이소희 중국투자전문관, 유럽에 갈 때는 한상봉 유럽투자전문관, 그리고 일본은 일본 전문관과 함께 갔다. 그들은 각 분야에서 최고인 사람들이다. 그들은 스스로 전략을 세우고 분야별 전문가로서 제안서를 들고 와 보고를 했는데, 나는 귀 기우려 들으며 함께 투자유치의 전선에 섰다. 가끔 그들은 전화로, 혹은 직접 내 사무실에 들러 좋은 기운을 전해 주고 간다. 고마운 사람들이다.

경기도
행정2부지사가 되다

황해경제자유구역청장으로 1년 10개월을 근무하고 2019년 경기도 행정2부지사로 영전했다. 경기도는 워낙 인구가 많고 지역도 넓어 행정수요가 많음에 따라 균형발전, 경제, 노동, 건설, 교통, 철도 물류, 축산·산림 등의 행정을 총괄하는 행정부지사를 별도로 두었다. 청사의 위치가 의정부지역에 있어 경기도의 한강 북쪽에 있는 10개 시·군의 행정 지원업무도 함께 담당하고 있다.

나는 의정부 청사로 출근한 첫날 옷가지 몇 개를 들고 관사로 퇴근했다. 관사를 안내해 주던 양종길 비서가 관사에 먹을 것이 아무것도 없다며 첫날이라 식당에서 누룽지와 김치를 구해 한 끼 먹을 양을 두고 나갔다.

갑자기 관사에 혼자 남겨진 상황이 막막했지만, 양 비서가 두고 간 누룽지가 위안이 되었다. 저녁을 먹는둥 마는둥 하고 잠을 청했지만 좀처럼 잠이 들지 않았다. 온 힘을 다하여 정보를 파악하여 상황을 예측하고 미리 준비할 수 있게 보좌해준 최고의 양 비서는 얼마 후 사무관으로 승진해, 수원으로 떠나갔다.

행정2부지사가 맡은 일은 투자를 포함한 경제와 SOC 시설과 관련된 것이 많았다. 나는 현황을 파악하면서 외부 기관을 많이 다녔다. 나는 실무를 하며 윗사람의 협상 지원이 늘 아쉬웠다. 실무협의도 중요 하지만 어느 정도 내용협의가 되고 나면 결정단계에서는 탑다운방식의 협상 지원이 필요할 때가 많다.

지금은 이름이 '제1수도권순환고속도로'로 바뀐 '서울외곽순환도로'의 명칭을 개정하는 일이 있었다. 서울외곽순환도로는 일부 구간이 서울시와 인천시를 통과하고 있지만, 대부분 경기도 지역에 있는데, 서울의 외곽 사람들이 사는 지역을 통과한다는 뜻인지 경기도의 정체성과 자존심이 상하는 문제였다.

지사는 이 고속도로의 명칭 개정을 공약으로 추진했다. 2018년 7월부터 추진해 왔으나 고속도로명칭 개정 권한을 갖고있는 국토교통부는 명칭 개정에 대해 지역 간 민원이 많으니 고속도로가 통과하는 지역의 기관장 전원의 동의를 받아오라며 시간을 보내고 있었다. 국토부를 방문하여 필요성을 설명하였으나 전원 동의 카드는 변함이 없었다.

20개의 자치단체 중 서울이라는 명칭을 고수하고 있는 송파구, 강동구, 서울시의 동의가 문제였다. 마침 고시 동기인 진희선 서울시 제2 부시장에게 전화하고 찾아가기로 약속했다. 직원들은 그동안 과장 만나기도 힘들었는데 서울시 부시장을 만난다니 이것저것 현안을 들고 협의에 포함해 달라고 보고를 해왔다.

서울시를 방문한 날 서울시 실무진은 부시장 앞이라 그런지 경기도의 명분에 크게 반대하지 못했다. 진 부시장은 해외 사례 등 여러 가지 개정 가능한 명칭을 조사해 보자고 했다. 직원들은 콧대 높은 서울시가 일단 긍정적으로 돌아선 것이 의아하다고 하며 부지사가 나서 준 것에 고마워했다. 이후에도 진 부시장과 밥도 먹고 여러 차례 통화도 하며 조사한 내용에 대해 공유도 하고 지속적인 협의를 이어 나갔다. 마침내 서울시는 '수도권 순환고속도로'로 개칭하는 데 동의했다.

전원동의서를 첨부하여 국토부로 보냈으나 국토부 담당과장은 처음과 달리 다른 곳도 유사한 민원이 있으니 고속도로 명칭부여 기준에 대해 연구용역을 해야 한다며 소 언덕 넘어가는 소리를 했다. 서울시 동의가 어려울 것이라고 뒤로 빼고 있었는데 정작 동의서가 제출되니 무슨 문제가 있는지 또 시간을 벌 생각을 한 것 아닌가 싶다. 결국, 용역을 진행하고 시간이 한참이나 더 걸린 후 '서울외곽순환고속도로'에서 '수도권제1순환고속도로'로 명칭이 개정되었고 이 지사의 공약이 하나 더 이행되게 되었다.

경기도 제공, 아프리카, 별내 복선전철 공사구간 현장방문

경제 분야에서는 SK 하이닉스의 120조에 달하는 대규모 반도체 사업 단지 용인 투자가 결정되었다. 경기도에 또 하나의 대규모 반도체 투자가 시작됐다.

행정2부지사의 일은 경제와 건설업무가 큰 비중을 차지하는데, 가장 많은 시간을 쓴 일은 아이러니하게도 '아프리카돼지열병 방역 회의' 아닐까 한다. 여름이 되기 전부터 전국 방역 회의가 시작되어 연말까지도 계속되었고 여름에서 가을까지는 아침저녁으로 방역 회의에 참석한 것 같다.

치사율 100%라 한 마리라도 걸리면 반경 500m, 나아가 지역 벨트를 지정하여 예방 차원에서 돼지를 묻어야 하는 고통스러운 일이다. 현장도 많이 나갔었는데 첨단 시설을 갖춘 돼지농장도 있지만 열악한 곳도 많은 것을 알게 되었다. 농장주들은 구역을 정해 돼지를 묻는 일에 항의하며 사무실을 연일 방문했다.

경기도 제공, 경기도 무역인재 및 청년취업지원 협약식

나는 행정2부지사를 끝으로 공무원 명예퇴직을 결심했다. 총무처 5급 건축 기좌로 1988년 4월 18일 시작하여 2019년 12월 31일 경기도 행정2부지사까지 31년 8개월을 공무원으로 살았으니 내 인생의 대부분을 차지한다. 행정2부지사는 경기도 기조실장 때 씌워진 거짓 프레임을 떨치기 위해서, 그리고 나의 명예 회복을 위해서도 꼭 하고 싶었고 잘 마무리하게 되어 영광이다. 두 번의 장기교육을 제외하고 잠시도 쉬지 않고 달려와 준 나의 영원한 친구 이화순에게 감사의 박수를 보낸다. 고마워~

경기도 제공, 아프리카돼지열병 영상회의 장면

경기도 광역교통예산 협의

내가 행정2부지사를 하고 있던 2019년 5월 경기도의 상황을 살펴보면, 시내버스회사들은 경기도를 상대로 '주 52시간 '시행에 따른 회사의 경영여건이 심상치 않으며 요금인상을 해야만 겨우 버틸 수 있으니 경기도에서 요금인상을 해야 한다고 강하게 주장했다. 교통업무의 담당부처인 국토교통부 또한 이러한 상황을 해결할 방법은 경기도에서 먼저 버스요금을 인상하여야 한다고 경기도의 빠른 결정을 요구하고 있었다.

경기도는 상황은 복잡했다. 우선, 도민의 발이 묶일 수 있다는 현장의 문제가 있었다. 요금인상의 필요성은 있었지만, 서울. 인천과 함께 운영되고 있는 '수도권 교통운영 시스템' 속에서 기술적인 문제도 있었고, 서민의 이동권에 들어가는 비용을 경기도만 먼저 올리는 것은 곤란한 문제가 한두 개가 아니었다. 서울시 인천시와 공동인상 문제를 협의하였지만, 서울과 인천시는 이미 버스 준공영제를 시행하고 있어 예산은 더 들어갈 수 있지만 주 52시간 규정은 당장 문제 될 것도 없다고 했다. 요금인상은 경기도가 먼저 시행하면 나중에 검토한다고 하면서 뒤로 빠져 경기도만 난감한 상황이 되었다. 교통업무도 관장하고 있는 나는 국토교통부 차관을 만나 협조를 요청했다. 국토부 장관이 나서서 서울시장에게 협조를 요청했으나 서울시의 입장은 바뀌지 않았다.

오히려 서울시는 요금인상이 어려우니 경기도가 빨리 요금인상을 결정하여 버스 대란을 막아야 한다고만 하였다. 나는 실무부서와 함께 여러 가지로 경기도가 힘들겠지만 어쩔 수 없이 수도권 중 경기도만이라도 요금인상을 할 수밖에 없다고 보고하였고, 같은 내용은 도지사에게도 보고되었다. 그러나 수도권 교통문제를 비난을 감수하면서 경기도만 먼저 결정하기는 어려웠다. 시간은 더 흘러갔고 한계에 다다름을 느끼게 되었다.

나는 국토교통부에 경기도민의 요금인상분이 수도권교통요금운영시스템에 의해 서울이나 인천으로 빠져나가지 않도록 하는 기술적 방법 강구와 경기도가 감수하는 부담에 상응하는 정부의 지원책을 요구했다. 경기도에서 국토부에 가장 강하게 요구했던 것은 '일반광역버스의 국가사무 이관'과 '요금인상 역외유출 차단' 등이었는데, 교통대란 위기 해결의 주무 부처인 국토부는 당시 요금인상만 경기도가 결정해준다면 무엇이든 다 해줄 듯 적극적이었다. 이러한 상황을 요금인상의 불가피함과 함께 지사에게 직접 보고했다.

그날 오후 도지사와 국토교통부 장관이 참여하여 '경기도는 시내버스요금을 인상하고, 중앙정부는 일반광역버스를 국가 사무로 전환하고 준공영제를 실시한다' 는등 주요사항을 TV 앞에서 대국민 발표를 했다.

참 쉽지 않은 결정이었고, 결정 후에 이러저러한 말들도 있었지만, 경기도는 요금인상에 머무르지 않고, 그 부담분을 '청소년 교통비 지원'정책으로 재탄생시켜 오히려 도민들에게 좋은 정책으로 평가받고 있다.

이후 이 지사는 "국가 사무를 경기도에 떠넘기지 말아 달라"고 요구했는데, '19년 5월 장관과 지사가 함께 발표한 바로 그 협약내용 중 중앙정부가 약속한 내용이다. 경기도지사는 이 약속을 믿고, 광역버스의 국가 사무 전환으로 절감되는 광역버스 지원예산을 승객지원금으로 사용할 수 있겠다는 판단하에 어렵게 요금을 인상한 것인데, 그것도 시간이 지나면서 정부는 50% 지원선에서 지방정부의 부담을 요구했고, 이마저도 어려워 국가 사무에 대해 지방이

70%를 부담하게 예산 결정해버린 것이다. 앞으로 중앙정부의 약속을 어떻게 믿으라는 것인지 알 수 없게 한다.

약속은 '다른 사람과 앞으로의 일을 어떻게 할 것인가를 미리 정하여 둠. 또는 그렇게 정한 내용' 이라 해석되는데.....

그렇게 경기도는 중앙의 50% 지원을 주장하고 국토부는 기재부가 거부한다며 중앙 30% 부담을 고수하고 있었는데, 대선이 얼마 남지 않은 상황에서 '22년도 정부 예산에 50% 지원이 반영되었다.

신설 공공 복지기관의 대표가 되다

공직을 끝내고 나는 경기도사회서비스원 대표가 되어 다시 현업으로 돌아갔다. 공무원 정년을 생각하면 조금 더 일해도 좋을 듯하여 가게 되었지만 와서 보니 직원은 달랑 18명이었다.

경기도라는 큰 조직에서 일하다 오니 옷을 입은 것도 아니고 벗은 것도 아닌 것 같아 한동안 머뭇거려졌다. 특히 복지업무는 실무를 해본 적이 없고 관리를 했을 뿐인데 작은 회사에서 직접 실무까지 해야 하는 것은 부담이었다.

그러나 기관 초기에 행정적으로 틀을 잡아야 할 것이 많고 사업 수탁을 위해 외부 기관 방문에는 행정을 해본 사람이 유리했다.

복지영역은 사람의 생로병사와 연관되어 단계마다 필요한 돌봄의 연속인데 좋은 공공돌봄의 모델을 만들어 간다는 생각은 나의 흥미를 자극했다. 그리고 처음으로 공공기관의 직원이 되어 낯설고 서툰 행정이 안정되기를 바라며 나를 쳐다보는 직원들의 눈빛이 나를 서비스원으로 깊숙이 끌어들였다. 처음 18명으로 시작한 회사지만 2021년 말 기준 21개의 소속시설에 직원 440명으로 성장하고 있고 2022년 또 한 번의 도약을 준비하고 있다. 그리고 이제라도 복지 분야에서 일할 수 있었음에 감사한다.

경기도사회서비스원 제공, 경기도장기요양요원지원센터 개소식

출마
하시나요?

2006년은 31년여 나의 공직생활에 있어 처음으로 계를 탄 것 같은 보너스 해였다. 도청 도시국장을 하다가 고3에 진입하는 딸 애 덕분에 어렵게 1년 장기 교육에 선정되어 연구소와 집만 왔다 갔다 하던 때라 모처럼 주부 역할도 해가며 여유를 즐길 수 있는 시기였기 때문이다. 휴일 오후 남편이랑 죽전역 근처에 있는 쇼핑 센터에 들러 '적당한 가격에 괜찮은 옷이라도 있는지' 하며 가게를 기웃거리고 있을 때 휴대폰 벨이 울렸다.

시끄러워 겨우 전화를 받았는데 손학규 지사였다. 교육은 좋은 지? 어찌 지내는지? 등 인사를 나눈 후에 하시는 말씀은 "이따 저녁때 공관에 좀 올 수 있나?"였다. '이유도 이야기하지 않고 그냥 들르라니.' 쇼핑을 적당히 서둘러 마치고 남편에게 양해를 구하고 공관으로 갔다. 공관 관리인은 지사님은 외부에서 행사 중이고 좀 지연되어서 기다려야 한다고 알려주면서 대기실로 안내해 주었다. 얼마를 더 기다린 후에 손 지사께서 들어오셨고 잘 지내는지 인사 끝에 지방선거 출마를 권유하며 나의 의견을 물었다. 갑자기 생각지 못한 질문에 당황했지만 '아직 나이도 있고, 공직에 더 있고 싶습니다.'라고 말씀드렸다.

나의 대답에 대해 지사는 그냥 웃으시면서 다른 도정에 관해 물으셨지만 금방 다시 지방선거 출마 이야기로 돌아와 버렸다. 한참을 더 이야기하신 후에야 "그럼, 내일까지 집에 가서 더 생각해 보고 답을 줘~"하시면서 일어서신다. "휴~" 집으로 돌아오는 머릿속이 복잡했다. 다음날은 지사님 일정이 안되어 며칠 후 지사님께 '공직에 더 남겠다'고 말씀드리면서 출마 건은 일단락되었다.

그 이후에도 선거철만 되면 나의 출마설은 한동안 따라다녔다. 그때마다 "저는 아니에요"라고 손사래를 쳤지만, 속으로는 '그럴 수도 있겠구나'라고 즐겼는지도 모를 일이다. 언제였는지 그때도 "언제 출마하세요?"라고 묻는 기자에게 손사래를 쳤었는데, "그럼 잊히고 싶으세요?"라고 재차 물어왔다. 그런데, 가만히 나의 속마음 소리를 들어보니 "그건 아니에요" 였던 걸로 볼 때, 언젠가를 위해 손사래를 쳤었나? 나도 모를 일이다.

공직을 마무리할 시기에 들면 많은 공무원이 퇴직 후 한 번쯤 선출직 공무원에 도전할 것인지를 고민한다. 예전보다 건강관리도 잘 하고 있어 그동안 쌓아온 행정 경험을 사회에 환원할 수 있는 길이기도 하다. 이때 스스로 자기 자신에게 질문을 해보면 어떨까? 생각한다. '남들이 하는 이야기에 휩쓸려 나도 한 번 해보려는 것인지?' '내가 생각하는 지역의 미래를 생각하며 지역주민과 함께 만들어 보고 싶은 꿈이 있는 것인지?'

선출직 공무원으로 일하는 영광을 갖게 된다면 개인적으로는 희생할 각오를 해야 한다. 그 지역의 4년간의 명운이 그대의 손에 달렸기 때문이다. 그리고 그대를 바라보고 있는 많은 후배 공무원들의 명예도 함께 걸머지고 있는 중요한 사람이기 때문이다. 지금 이 순간에도 곧 있을 2022년 지방선거에서 최선을 다하고 있는 그대들이 멋지다.

2-2

국토교통부 이야기

국토부와 인연

나는 1995년 처음으로 건설교통부에 파견을 갔다. 건교부는 시(市)도(道)와 소통을 좀 더 원활히 하고자 협력관 제도를 두었는데, 이 사람은 원 기관의 소속을 유지하면서 자기 기관과 관련된 현안이 있을 때 서로 협력이 잘되게 하는 역할을 했다. 건교부에는 내 시험 동기 김진숙 사무관이 있었는데, 나를 총무과장이나 관련 부서에 데리고 다니며 자연스레 건교부 직원들과 어울릴 수 있도록 도와줬다. 배치된 부서는 도시계획과인데, 경기도에서 도시계획 업무를 하고 싶어 했던 터라 다행이었다. 새로운 사람들과 새로운 업무환경은 나를 적당히 긴장하게 했지만, 이내 적응하고 여러 사람과 어울렸다. 아쉬운 것은 보직을 주지 않아 보다 책임감 있게 일하는 것이 어려웠다는 것이다. 그러나 경기도로 돌아가서 도시계획업무를 할 수 있는 소양과 건교부 내 네트워크를 가지게 된 계기가 되었다.

두 번째는 경기도 도시주택실장으로 있을 때 국토해양부로 소속기관을 옮겨 2년여 근무한 때다. 당시 나는 경기도 김문수 지사에게 신임을 받고 꽤 잘나가는 간부였지만, 일 할 수 있는 기간을 고려해 경기도가 아닌 다른 기관 근무를 생각하고 있었다. 지난번처럼 권한도 없는 협력관이 아니라 권한과 책임이 있는 자리에서 일하고 싶었다. 마침 국토해양부를 그만두고 경기도시공사 사장으로 와 있던 이재영 선배를 통해 교류 희망 의사를 전달했다. 얼마 후 국토부에서 연락이 왔는데, 교류하겠다는 것이다. 당시 나는 국토부의 중요한 정책과제인 주택정책과 관련하여 경기도의 대표로 회의에 자주 참여하고 있었기에 권도엽 장관도 나에 대해 알고 있었다. 권 장관은 건교부 실장일 때 회의를 주재하면서 나를 처음 만났는데, '경기도민에게 적용되는 전세자금 대출 한도의 문제점'에 대해 건의하는 나의 말을 경청하고 제도개선을 해 준 바도 있어 나를 기억하기 쉬웠을 것으로 생각된다.

교류 진행을 모르는 몇몇 시장들은 나를 부시장으로 발령 내 달라고 지사에게 건의했다. 김문수 지사는 뭐 하러 국토부에 가느냐고 했지만, 나는 2012년 초 국토해양부 권도엽 장관으로부터 대통령이 주는 기술안전정책관 임명장을 받았다. 내가 희망한 보직은 도시정책관이었으나, 국토해양부에서는 균형감이 요구되는 도시정책관을 내가 맡으면 경기도에 편향된 정책을 펼 수 있으니, 정무적으로 거슬리지 않을 기술안전정책관으로 발령을 낸 것이다.

국토해양부
기술안전정책관

기술안전정책관은 토목, 건축, 기계, 전기 등 기술 분야의 각종 기준을 정해 운영하고 건설현장의 안전관리까지 맡고 있다. 당시 「건설기술관리법」을 「건설기술진흥법」으로 전부 개정하는 현안이 있었는데, 건설 분야와 지식경제부가 관장하고 있는 엔지니어링 분야의 단체가 이견을 보이며 팽팽히 맞서 있었다. 지식경제부의 이해도 필요했고, 관련 단체의 의견을 듣고 조율하며 필요한 사항을 법 개정에 반영하는 일을 진행했다.

처음엔 참석한 사람마다 법안의 문제를 강하게 비판했는데, 나는 이런 회의를 몇 번에 그치지 않고 계속 진행하며 반영할 것은 반영하고 어려운 것은 어려운 이유를 설명했다. 점차 참석자들은 자기가 이야기 한 것을 흘려듣지 않고 되짚어 이야기하며 설득하는 나를 다시 보기 시작했다. 그 결과 반대를 위한 반대는 더 이상 하지 않게 되었고, 타협안에 찬성은 아니지만 반대하지 않는 선까지 합의하게 되었다. 국회의원 사무실에도 자주 드나들며 설명하고 이해를 구한 끝에 법령 전부 개정이 되었다.

기술안전정책관으로 일하며 약속에 상관없이 나를 만나겠다고 찾아온 사람들을 시간이 되는 한 만나 이야기를 들었는데, 후일 함께 일하던 기술기준과장은 약속을 안 한 사람까지 만날 필요가 있는지 의아했다고 말했다. 중앙부처 국장이 격을 따져 사람을 만나는 데 비해, 나는 자치단체에서 온 사람이라 좀 다르다고 했다. 나는 행정은 사람들의 이야기를 듣고 합리적으로 조정하는 것이 필요하다고 생각한다. 더구나 약속은 안 했지만, 그 멀리 세종까지 나를 만나 이야기하기 위해 찾아온 고객 아닌가?

기술국에는 각종 기준, 규칙도 많이 관장 하고 있어 문제가 있다고 찾아오는 용역회사도 많았다. 자칫 잘못 건드리거나 한쪽에 치우치게 되면 문제가 될 수 있어 조심스러웠지만, 경기도에서 온 나는 현장에서 문제가 되는 기준을 여러 개 개정했다. 간부 회의에 참석한 다른 국장들은 너무 달리는 것 아니냐고 점잖게 한마디 했지만 나는 내가 할 수 있는 일을 하는 것이었다.

마음 열고 듣는 '엄마표 행정' 통했죠

국토해양부 기술안전정책관으로 자리를 옮겨 업무에 탄력이 생길 무렵 머니투데이 전병운 기자와 인터뷰를 했다. 그 기자는 나의 말투나 억양이 상대방을 무장해제 시킬 만큼 편안함과 신뢰를 준다며 상대방의 얘기를 잘 들어주는 것에서 행정을 출발하고 있는 나에 대해 호감을 표했다. 인터뷰하면서 한 말을 되돌려보면 다음과 같다.

"행정의 출발은 마음을 열고 열심히 듣는 것이라고 생각해요. 수많은 이해관계가 대립하는 문제에선 특히 더 중요하죠. 얽힌 문제를 풀 수 있는 첫 단추거든요. 억울해서 찾아온 사람들에겐 그 자체로도 큰 위안을 줄 수 있고요. 문제를 원만히 해결해낸 그 힘은 이런 의미에서의 여성스러움에서 비롯된 게 아닐까요."(머니투데이 2012. 8. 7)

잘 듣는 것이 중요하지만 더욱 중요한 것은 원칙과 상식에 기반을 두는 것이다. 행정을 하다 보면 여러 분야에 있는 전문가들의 이야기를 듣고, 민원인의 이야기도 듣게 된다. 민원인은 의견이 서로 나뉘어 문제를 제기하는 경우가 많다. 나는 특히 갈등의 골이 깊은 집단민원이 많은 부서에서 오랫동안 일했다. 어떤 때는 한 달 내내 경기도청 정문 앞에서 내 소관 행정으로 농성을 하거나 집회를 하기도 한다. 개발행정이나 도시계획 인허가 행정이 진행되고 있는데, 토지주나 세입자가 각자의 주장을 하는 것이다. 법에서 허용하는 융통성도 별로 없어 대안이 마땅치 않고 합리적인 소통도 쉽지 않다. 이럴 땐 원칙을 갖고 이야기하며 서로의 의견이 진정되기를 기다리는 것도 한 방법이다.

내 마음과 의견을 전달하는 다른 방법이 없어 집단 시위를 하러 온 사람은 초기에는 대화가 잘되지 않는다. 시위하겠다고 집회계획을 갖고 온 사람이니 그 시간은 채우려 든다. 어느 정도 시위를 하고 목청껏 함성도 지른 후엔 행정기관의 담당자와 타협을 보려 한다. 이때가 테이블에 앉아 서로의 의견을 확인할 시점이다. 만일 타이밍을 놓치게 되면 시위참가자들의 감정이 상하게 된다. 멀리서 내 의견을 전하기 위해 사람들을 모아 비용을 들여가며 왔는데, 행정기관에서 소 닭 보듯 한다면 빈손으로 돌아가는 시위참가자들은 버스안에서 격앙된 감정을 공유하며 다음 집회를 계획하게 될 것이다. 테이블에 앉았을 땐 내 이야기를 여러 사람에게 할 수 있는 절호의 기회다. 왕왕 집회 참가자들은 행정이 진행되는 과정이나 문제가 되는 이유를 정확히 알지 못하고 주최 측의 이야기를 듣고 따라 오는 경우가 많다. 주최 측의 주장이 와전되어 행정기관의 의견을 생각할 기회가 없었을 수 있다. 우선 집회에서 주장하는 이야기를 경청하고, 이 사람들에게 논리적이고 합리적으로 민원의 핵심을 이야기하고 대안을 논의할 수 있다면 타협의 여지는 50% 이상으로 높다. 여러 사람이 함께 듣게 되면 행정이 왜곡될 경우의 수가 줄어들고 행정기관과 함께 고민이 시작되기 때문이다.

그러나 합리적인 생각으로 해결되는 민원이라면 도청까지 잘 오지 않는다. 자기가 사는 지역의 시청이나 군청에 의견을 표출하고 해결해 간다. 시·군에서 해결되지 않고 도청에서 권한을 갖은 행정이 많기에 멀리까지 원정 집회를 하게 되는 것이다. 이유 없이 시위하는 민원인은 없다. 무슨 이유를 대더라도 할 말이 있는 것이다. 여러 번 소통에도 행정의 원칙만으로 해결되지 않는 민원이 있다. 이 경우 계속 법과 원칙만을 주장하는 것은 행정이 국민을 이기려 드는 것이라 바람직하지 않다. 이럴 땐 지금 내가 이야기하고 있는 것이 상식적인지 되돌려 생각해 봐야 한다. 사람이 있고 법과 규정이 있는 것이지, 규정이 있고 사람이 있지 않기 때문이다. 필요하다면 상식에 기반을 두고 규정을 고치고 법률을 고칠 생각을 해야 한다. 민본이란 그런 것이다. 국민이 있기에 행정이 있는 것이다.

민원인의 주장을 합리적이라 판단하더라도 많은 공무원은 규정이나 법까지 고치려 행동하는 것을 주저한다. 민원인과 유착되어 봐주는 것 아닌지 의심받기 때문이다. 이런 행동을 할 수 있으려면 나에 대한 도덕적 기준이 엄격해야 한다. 민원인과 나눈 커피 한잔이 밥이 되고 술이 되면 돈 봉투도 자연스러워지고 민원인에게 자유롭지 못하다. 올바른 행동을 하면서도 마음속 아우성으로 스스로 주저앉게 된다. 비밀스럽게 한 나의 행동이 언젠가 들통날 수 있는 것을 스스로 알기 때문이다. 청렴하면 혹시 행정을 하며 실수가 있어도 감사관의 마음을 열 수 있다.

"나는 청렴하고 당당하다." 공무원에게 이보다 멋진 말이 어디 있을까?

나는 보통 가정의 주부로 아이를 키우며 공무원을 했기에 보통 사람의 생각을 마음에 두었다. 내 아이들에게 부끄럽지 않고 존경받을 수 있는 엄마가 되는 것이 중요했기에 행정도 그와 같았다.

국토교통부
초대 건축정책관

그저 한번 중앙부처에 와 본 것이 아니라, 하고 싶었던 일을 적극적으로 하는 나에 대한 국토부의 평가는 실적도 있고 좋았다. 교류 기간이 다 되어 갈 무렵 권 장관은 경기도와의 교류를 더 연장하고 초대 건축정책관을 맡을 것을 권했다. 건축부서는 내가 건축공학과를 나왔음에도 사무관 시절 잠깐 맡았을 뿐 인연이 없었는데, 건축계의 오랜 바램으로 신설된 국토부 건축정책관으로 일한다는 것은 아주 매력적이었다. 결국, 교류 기간을 연장하기로 하고 국토부 초대 건축정책관이 되었다.

건축정책관이 생기자 업계의 요구는 봇물 터지듯 나왔다. 그동안 어떻게 참았는지 모를 일이다. 건축법은 워낙 세세한 부분이 많아, 할 일이 많고 전문성이 강해 정책관 전결로 처리하는 일이 많고 법 개정도 빈번한 부서다. 기술안전정책관실에서 함께 일하던 김상문 과장이 건축정책과장으로 왔는데, 우리는 이미 호흡을 맞춘 적이 있고 서로의 성격을 알기에 많은 일을 쉽게 해나갔다.

나는 건축정책을 다루는 중앙부처의 정책관인데, 나의 특이한 이력은 중앙부처에서 결정한 정책이 집행되는 광역자치단체와 기초자치단체의 건축 행정을 이미 경험한 터였다. 지방행정 현장에서 여러 가지 이유로 기준이나 지침을 만들어 임의로 반영하게 하면서, 민원인은 갑자기 튀어나온 법에도 없는 지자체의 기준으로 힘들어한다. 그러나 중앙정부는 많은 지자체별로 확인할 여력이 없어 그냥 내버려 두고 있다.

국토부 15개 과도한 지침 폐지 권고...긍정적 지침은 법제화

내용	규제내용	해당 지자체
· 텃밭설치 지침	· 텃밭설치의무(200㎡이상 건축물, 다가구 등)	· 서울시
· GB해제지역 허가기준	· 다가구, 연립등 층수 제한(3층), 동당 7세대 이하, 옥탑물탱크 금지	· 경기도
· 주차장 기준	· 주차기준 강화, 10대이하 기계식 불가 등	· 경기도 · 전라북도
· 도시형생활 주택기준	· 주차기준 강화, 타용도 출입구(계단등) 분리, 복도구조 등 제한	· 경기도
· ○○그린빌딩 인정지침	· 인정기관 지정, 인정 및 심사기준 운영	· 대전시
· 건축허가기준	· 6m미만 도로 건축선후퇴, 다락불가 등 * 부적합 시 건축심의 상정	· 서울시
· 대지 조경지침	· 조경기사 설계(조경면적 50㎡이상) 날인	· 부산시
· 허가신청도서 제출 기준	· 전자제출 도서이외 추가 출력본 제출 의무	· 부산시
· 하향식 피난구 설치 기준	· 대피 공간 또는 하향식 피난구중 선택사항을 하향식 피난구로 의무 적용	· 부산시
· 오피스텔 건축 허가 지침	· 상업지역 오피스텔(7층이상) 등 허가전 디자인 구조 등 자문	· 부산시
· 건축심의기준	· 법정대수 이상 주차기준 요구 등 · 주차건축물, 고시원등 심의 대상 확대 등	· 인천시 · 서울시

폐지권고 자치단체 건축 규제 /자료=국토교통부

아시아투데이 2013. 12. 4 보도 https://www.asiatoday.co.kr

나는 양쪽의 문제를 알고 있어 문제를 해결하기 좋은 여건이다. 우선, 건축현장에서 제기되고 있는 과도한 지침, 기준에 대해 민원인의 입장과 지자체의 입장을 확인했다. 꼭 필요한 부분은 지자체가 기준을 법제화하도록 유도했고, 과도하다고 생각한 지침은 폐지를 권고했다. 그리고 이행사항을 주기적으로 확인해 나갔다. 230개가 넘는 전국의 지방자치단체가 추진하는 큰 건축 행정의 변화로 인해 건축설계를 비롯한 관련 업체들은 더 경쟁력 있는 기업으로 성장할 수 있게 되었다.

건축정책뿐 아니라 건물에너지 정책, 경관관리 정책도 함께 맡고 있어 협의할 일도 많았다. 건축물 그린 리모델링 정책에도 관심을 가졌는데, 기존 건축물의 단열을 보강하여 여름에는 덥고 겨울에는 추운 기후에서 열 손실을 줄이도록 하는 사업이다. 건물주나 사업자를 여러모로 지원하여 국가적으로 에너지소비를 줄이게 하는 것이 목적이다.

전자제품에 에너지효율등급이 있는 것처럼, 건축물에도 에너지소비효율 1등급이 있다. 태양열, 지열, 풍력과 같은 친환경 에너지를 많이 사용하면 유리한 건축물인데, 이때 주의할 일은 우선 건축물의 외벽 단열을 잘 해서 에너지가 덜 소요되는 건축물로 만

들어 놓고 친환경 에너지를 써야 제대로 된 1등급이라 할 수 있다. 아무리 친환경 에너지를 많이 사용한 에너지1등급 건물이어도 단열이 잘 안 된 경우는 얇은 옷을 입고 추우니 불을 많이 때야 하고, 여름에도 외부 열이 그대로 들어오게 해놓고 덥다고 냉방에너지를 돌리는 것과 다르지 않다. 건물에너지 소관부서를 두고 산업부와 국토부는 서로 맡겠다고 주장했는데, 에너지 산업의 장래 전망을 알기에 당연한 것 일 거였다.

건축 행정데이터 민간개방

나는 국토부 건축정책관으로 일하면서 2013년 각종 건축 행정 자료를 일반 국민에게 개방했다. 국가와 공공기관에만 제공되던 '건축 인허가·건축물대장 등 각종 건축 행정데이터'를 일반 국민이 온라인으로 검색하고 활용하게 한 것이다.

정보공개는 민간의 신사업 발굴지원 및 창조경제 활성화를 도모하기 위한 것인데, 약 680만 동에 달하는 방대한 건축 인허가와 건축물대장 정보를 '건축 행정시스템(세움터)'을 통해 민간에 개방한다고 밝혔다.

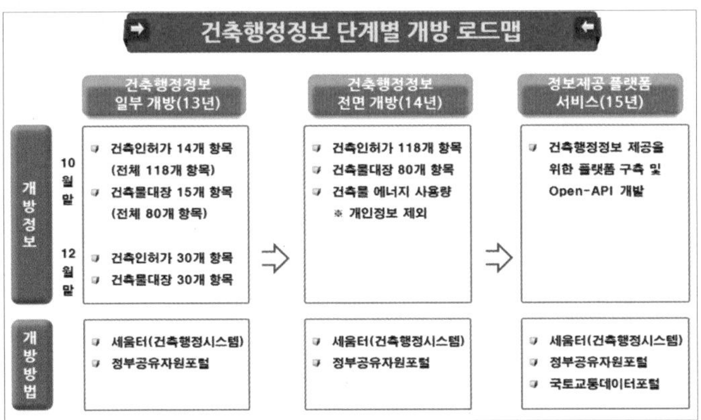

국토교통부, 2013. 11. 15 보도자료 창조경제 실현을 위한 건축 행정데이터 맞춤형 개방

연초 '단순 표와 그래프 형태의 인허가 통계정보 제공', 5월 '사용자가 원하는 지역의 인허가 정보를 지도기반으로 제공'한 데 이어 '건축 인허가, 건축물의 허가·착공·승인 기간·면적·용도 등까지 검색'할 수 있게 하였다.

일례로 기존에는 패널 업자가 패널 수요를 알기 위해서는 전국에서 공사가 진행 중인 현장을 찾아 무슨 공사를 하는지 알아봐야 했다. 하지만 세움터를 이용하게 되면 다양한 검색조건을 통해 원하는 지역, 원하는 기간에 진행되는 각종 건축 인허가 현황을 한눈에 볼 수 있게 되는 것이다. 연간 1800만 건 이상 발급되는 건축물대장 정보를 온라인으로 검색할 수 있게 되면서 건축물 정보에 대한 국민의 접근과 활용이 쉬워지고, 포털업계, 부동산 업계 등의 다양한 분야에서 서비스 모델과 일자리가 창출될 것으로 기대했다.

당시 나는 브리핑을 하면서 "향후 건축인허가와 건축물대장의 개인정보를 제외한 모든 항목을 전면 개방할 예정"이고, "앞으로도 공개 가능한 다양한 정보를 적극적으로 발굴해서 공유와 협력의 정부 3.0을 구현하기 위해 적극적으로 노력하겠다"고 밝혔다.

1986년 「전산망 이용 촉진과 보급 확장에 관한 법률」 제정과 함께 행정 정보 데이터베이스화가 시작되었고, 현재는 우리가 상상하는 것보다 훨씬 광범위하게 행정데이터가 개방되고 있다. 특히, 지금까지의 '공급자 중심 양적 공급 방식'에서 '수요자 중심'으로 전환해 다양한 방식으로 공공데이터가 제공되고 있다.

행정데이터는 개인을 중심으로 민간 플랫폼을 통해 축적되고 있는 데이터와 결합할 때 훨씬 폭발력을 갖게 된다. 데이터를 가진 사람들이 힘을 갖게 되는 데이터경제 사회가 이미 우리 앞에 와 있고, 전문가들은 데이터를 활용한 미래 사회가 가속화될 것을 이야기하고 있다. 개인정보 유출과 프라이버시 침해 문제를 해결하면서 공공과 민간의 데이터 결합을 통해 편리하고 진일보한 사회에 대비해야 한다. 그래서 이미 도래한 마이데이터 시대에 나의 맞춤형 데이터가 안전하게 도달하기를 바란다.

3

나의 인생,
나의 가족

소박하지만 따뜻했던 삶
돌이킬 수 없는 보육
모든것엔 때가 있다

3-1

소박하지만 따뜻했던 삶

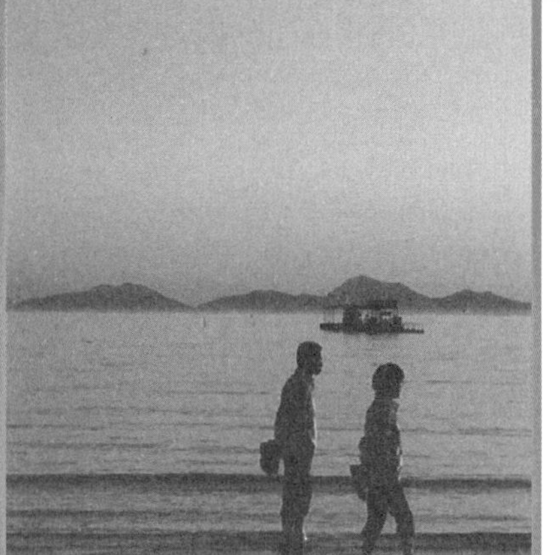

사우디에서 귀국한 남편, 결혼을 서두르다

졸업 후 남편은 동아건설에, 나는 현대건설에 입사했다. 남편은 원자력 발전소 건설공사를 하러 경북 울진으로 떠났고, 나는 현대건설 광화문 사옥과 계동사옥에 근무하며 매달 버스로 올라오는 남편과 만나곤 했는데, 나를 만나러 온 사람을 회사 앞에 기다리게 하다 다투기도 하였다.

한번은 내가 현대건설에 있으면서 맹장염, 복막염으로 오랫동안 병원에 입원한 적이 있다. 엄마는 다 큰딸 어떻게 되나 싶어 계속 병원에서 사셨고, 남편도 회사 휴가를 내고 엄마랑 교대로 내 옆을 지켜주었다. 엄마는 시집도 안 간 딸 옆을 지성으로 지켜주는 사윗감을 처음으로 인정하는 계기가 되었다.

내가 병원에 입원했던 그해 여름 남편은 사우디아라비아로 해외발령이 났다. 만난 지 6년이나 된 여자친구를 두고 먼 나라로 출국하기는 남편의 입장은 아무 약속도 없이 찜찜하기도 해 약혼을 하자는 이야기가 나왔다. 엄마는 죽을 뻔한 딸자식 병간호하는 남편에게 감동도 한 터라 우리는 한여름에 안양에 있는 별장가든 갈빗집을 빌려 식구끼리 조촐한 약혼식을 하였고, 남편은 며칠 후 사우디아라비아로 떠났다.

우리는 해외 우편을 통해 서로 뻔질나게 편지를 보내며 소식을 묻고 기다렸다. 뜨거운 사막의 나라에서 고생하는 남편을 생각하며 시간을 보내던 그해 겨울 남편 어머니 부음(訃音)을 들었다. 남편도 급전을 통해 어머니 부고를 전달받고 황망하여 급히 귀국했는데, 김포공항 입국장에 들어서는 남편은 더 마르고 그을린 모습으로 여름옷을 입고 있었다. 곧바로 서울 백병원 장례식장으로 가서 어머니를 뵙는데 남편의 얼굴엔 눈물인지 콧물인지가 가득했다. 내일이면 발인인데, 막내아들 기다리는 돌아가신 어머니가 어렵게 비행기 표를 보내신 것 같다. 남편은 사우디아라비아로 떠날 때 공항에 같이 가서 배웅하고 싶다던 어머니의 얼굴이 떠오르면서 더욱 서럽게 울었다.

장례휴가를 끝내고 남편은 다시 사우디 현지로 돌아갔다. 어머니를 여윈 슬픔과 허전함 속에 약혼자를 두고 돌아서는 뒷모습이 천근만근으로 내게 다가왔다. 남편은 처음 출국할 때 계획보다 짧게 사우디 생활을 접고 자비로 비행기 표를 사서 1년 만에 조기 귀국했다. 유달리 정이 많았던 어머니와의 이별로 타향살이 정붙이기가 쉽지 않았을 터였다.

귀국 후 남편은 둘째 형 집에 머물렀지만 여러 가지로 불편해했다. 자연스레 남편은 결혼을 서둘렀다. 그해 1986년 가을, 갑자기 예식장 예약도 어려웠는데, 시고모부 덕에 서초동 건축사회관 강당을 빌려 결혼식을 올렸다. 대학교 1학년 겨울에 만나 7년이 걸려 결혼을 하니, 외롭게 떠돌던 남편이 빨리 안정되어갔다.

딸의 인생에 함께해 준 어머니, 홍재연 여사님

나의 어머니는 보은군 마로면 송현리 시골에서 엄격한 외할아버지의 6남매 자식 중 맏딸로 태어나 중학교 이상을 가보지 못하고 동생들을 돌보다 집안에서 정해준 이웃 동네의 신랑을 만나 결혼했다. 결혼해서는 시집살이 하며 두 살이던 막내 고모를 키우다 2년 만에 나를 낳고 남동생 둘을 더 낳으셨다. 엄마는 당신 어릴 때 하지 못한 공부를 자식을 통해서라도 보상받으려는지 억척스레 공부를 시켰다. 엄마의 바람은 딸인 나를 통해 조금은 해소되었을까? 나는 학교에서 우등상을 도맡아 받았고, 좋은 대학에 장학금 받고 다니고, 기술고시에도 합격하였으니 엄마가 못한 공부의 신이 내게 왔나 싶다. 엄마는 공부 잘하는 딸 자랑을 입에 달고 사셨는데, 돌아가신 뒤엔 딸만 자랑스러워했다고 아들의 불만을 들어야 했다.

나는 대학을 졸업하고 건설회사에 취직하여 월급을 받으면 내 용돈을 조금 떼고 나머지는 엄마에게 모아달라고 드렸다. 엄마는 쪼들리는 생활에 많이 키운 보람이라며 딸자식이 받아오는 봉급으로 곗돈을 부으며 좋아하셨다.

그렇게 평온한 시간이 2년 반쯤 되었을 때 나는 결혼하고 싶다며 남자친구를 집으로 데리고 갔다. 엄마는 딸이 데이트하는 것은 아셨지만 이렇게 빨리 결혼할 것은 예상하지 못한 듯했다. 게다가 집에 들어선 남자친구, 지금의 남편은 키는 큰데 살이 없어 깡마른 체구였는데 엄마는 이것저것 마땅치 않았다. 공부만 하다 겨우 돈도 벌고 즐길 수 있을 시간인데, 이렇게 빨리 결혼해서 친정을 떠나려 하는지 엄마는 이해가 되지 않았다. 데려온 사윗감이 수수깡에 눈 달린 것 같이 마른 것도 엄마의 마음을 불편하게 했다. 그러나 자식 이기는 부모 없다고 엄마는 내 뜻대로 결혼을 허락하고 나의 결혼 준비에 돌입해 주었다.

내 인생에서 행복했던 순간인 '엄마와 함께 결혼 준비하러 다니기'가 시작되었다. 그때까지 나는 돈을 그리 쓰지 않고 살았다. 늘 부족한 생활을 보고 자란 탓일까? 직장 생활을 하면 반반한 옷도 필요할 법이지만 나는 가격표가 먼저 눈에 들어와 어지간한 옷으로 버티며 절약하였다. 그러던 내가 살림살이 장만을 위해 엄마랑 외출하여 좋은 물건을 골라 맘대로 쇼핑할 수 있었으니 결혼 준비 기간은 모두가 나를 위해 있는 것 같고 그렇게 행복할 수가 없었다. 엄마는 그렇게 아주 비싼 것은 아니지만 예쁜 물건을 골라 첫 딸의 세간살이도 장만해 주었다.

나는 그때의 즐거움을 내 딸에게도 느끼게 해주고 싶었지만 사실 나는 내 딸의 결혼 준비에 아무것도 같이하지 못했다. 의정부 관사에서 생활하던 나는 주말을 활용해 딸아이의 세간을 준비해야 했지만, 딸아이는 평일 낮에 혼자 다니며 필요한 것들을 샀고 주말에는 사위와 물건을 사고자 했다. 나는 당시 딸아이의 결혼 준비에서 완전 이방인이었던 것에 서운한 마음이 앞섰다. 하나밖에 없는 딸 결혼 준비를 딸과 같이하고 싶었는데 기회를 잃었으니 말이다. 남편은 세상이 변해 그렇다고 며느리 볼 때 해보라고 위로해 주었다. 그러나 며느리는 며느리의 어머니에게 기회가 있는 것이지 나의 기회는 아닌 것을 안다.

결혼,
좋은 일이 밀려오다

나는 결혼하면서 엄마 집에서 30분 떨어진 안양 관악아파트 전셋집을 얻어 신혼집을 마련했다. 6층짜리 계단식 아파트의 6층에서 연탄보일러를 때며 4년을 살았는데 연탄값 아낀다고 연탄장수가 1층까지 날라다 준 연탄을 우리가 직접 6층까지 옮기는 일은 힘이 들었다. 지금 생각하면 왜 그리 궁상을 떨었는지 우습기도 하지만 또 한 장의 추억으로 남는다.

신혼 때 남편은 동아건설에 있으며 대구 K2 공군 기지 내 미군 막사를 짓는 FED 공사현장에 있었는데 주말을 집에서 보내고 다시 내려갔다. 남편이 지방으로 내려가고 나면 나는 둥근 밥상을 들고 방바닥 보다 덜 추운 침대 위로 올라가 기술고시 2차 공부를 준비했다. 남편은 얼마 후 사우디아라비아 공사현장으로 발령이 났다. 주말마다 만나던 신랑은 못 보게 되었지만, 시험공부 하기에 좋은 기회였다. 6개월 만에 귀국한 남편은 그 유명한 김수근 건축가가 설계한 KBS IBC 별관 공사현장에 근무하게 되었는데, 퇴근하는 신랑을 기다리며 알록달록 예쁜 반찬을 준비해 저녁밥을 짓는 새색시의 행복이 따로 없었다. 결혼한 지 1년이 넘어도 아이가 들어서지 않자, 엄마는 딸의 손을 잡고 한의원을 다니며 몸을 따뜻하게 하는 약을 지어 먹이셨다. 아이도 생기지 않은 덕분에 나는 시험 준비를 더 할 수 있었고, 결혼 이듬해 1987년 겨울 기술고시 시험에 합격했다. 전국에서 5명 뽑는 건축기좌(지금의 건축사무관)에 2등으로 합격하여 12월 31일 아침 KBS에서 임성훈 최미나가 진행하는 '생방송! 전국은 지금' 프로에 초대 손님으로 난생처음 방송에 나가게 되었다.

방송 섭외는 받았는데 입고갈 옷이 마땅치 않았다. 남편은 명동 신세계백화점에서 한 달 월급의 반쯤 하는 비용을 치르고 진열대에 누워 있는 할인상품이 아닌 마네킹에 입혀져 있는 옷을 사주었다. 방송에 집사람이 나왔다고 여의도 현장 식당에서 아침을 먹다가 그날 라면값을 다 계산했다는 남편의 이야기, 며늘애가 하나도 떨지도 않고 배짱이 보통이 아니더라는 시아버지의 시청 평까지... 지난 일이 한꺼번에 튀어 들어온다. 좋은 일은 쌍으로 온다던가? 얼마 후 나는 기다리던 첫아이 임신을 했고, 88올림픽이 끝나 가을이 깊어갈 때 첫 아이를 순산했다. 눈이 아주 예쁜 딸아이를 처음 본 남편은 싱글벙글 입을 다물지 못했다.

아이 양육도 엄마의 몫

엄마는 딸 산후조리를 위해 우리 집에 오셔서 아이까지 봐 주셨다. 출산휴가를 마치고 출근할 무렵 엄마는 아이 봐줄 터이니 걱정하지 말고 직장에 다니라고 하였다. 어렵게 공무원이 되었는데 열심히 해보라는 뜻이었다. 딸아이와 엄마는 엄마 집으로 갔고 나는 남편과 함께 틈날 때 마다 엄마 집으로 아이를 보러 갔다. 엄마는 아이도 봐야 했지만 연신 들락거리는 사위 밥까지 준비하느라 두 배로 힘이 드셨다. 그렇지만 엄마는 세상에서 제일 예쁜 손녀 딸을 등에 업고 그렇게 행복해하셨다.

둘째 아이를 갖고 출산을 얼마 남기지 않은 어느 날 나는 엄마 집으로 아예 이사했다. 두 가지 이유였다. 관악아파트 집주인이 올림픽이 끝난 후 벼락같이 오른 주변 전세 시세에 맞추어 전세금을 올려 달라고 하였는데 바닥에서 시작한 사회 초년병인 우리에게 추가 전세금을 준비할 방법이 없었고, 두 번째는 둘째 아이 출산이 얼마 남지 않아서 두 아이를 돌봐야 하는 엄마나 나의 부담이 컸기 때문이다.

나는 친정에 들어가 살며 둘째를 낳고 안양에서 통근버스를 타고 경기도청이 있는 수원으로 출퇴근했다. 나는 퇴근이 늦어도 걱정이 없었지만, 엄마는 종일 두 아이를 돌보고 살림까지 하시느라 점점 지쳐 가셨다. 가끔 힘들다고는 하셔도 엄마는 사위가 불편해할까 잘 내색하지 않으셨다. 남편은 직장이 서울이라 명학역까지 걸어가서 지하철로 출근을 했고, 나는 만두 사장님 집으로 이사 간 후에도 아이들을 엄마 집에 데려다 놓고 통근버스를 타러 달려나갔다.

한번은 사무실에서 일하는 중 엄마로부터 전화가 걸려왔다. 둘째가 계단 올라가다 떨어져서 많이 다쳤다는 것이다. 나는 하던 일이 마무리되지 않아 갈 상황이 아니었다. '아이가 다쳤으면 병원으로 가야지' 나에게 전화를 하는 엄마에게 짜증을 냈다. 엄마는 아이 봐준 덕도 없이 귀한 손주 다치게 했다고 나에게 한 소리 들을까 걱정이되 전화를 한 것인데, 나는 엄마에게 내 감정만 전달한 것이다.

퇴근해서 아이 이마를 보니 커다란 반창고가 붙어 있었고, 엄마는 내 눈치를 보며 크게 다치지는 않았다고 했다. 미안했다. 엄마가 아이를 봐주지 않았으면 내가 일을 할 수도 없었는데, 어떻게 엄마에게 화를 냈단 말인가?

그림의 떡,
생애 최초 분양 주택

큰아이가 일곱 살 되던 해 우리는 조금 모인 돈에 융자금을 합하여 2,700만원을 주고 재건축 시기가 다되어 간다는 관악역 근처에 있는 무림아파트를 샀다. 난생처음 내 집을 마련했다는 기쁨은 하루가 다르게 커가는 아이들로 더욱 비좁아진 단칸방 생활의 불편함도 묻어주었다.

88올림픽이 끝난 후 노태우 대통령은 4개 신도시를 지정하고 200만 호 주택건설을 추진했다. 우리도 매번 아파트 청약에 참여하지만 잘되지 않았다. 조급한 마음에 우리는 그냥 질러나 보자는 심정으로 감당하기 어려운 38평짜리 의왕 쌍룡아파트에 청약을 했다. 아뿔사! 그런데 이것이 덜컥 당첨되어 버렸다. 하도 떨어져서 아무거나 해보자는 것이었는데, 큰일이었다. 아파트 베란다 섀시 비용까지 합치면 1억 400만 원이나 되니 자금 동원이 불가능한 상황이었다.

계약금을 시작으로 중도금이 들어가기 시작했다. 우리는 무림 아파트를 매입금액 그대로 외삼촌에게 인수하게 하였다. 그것도 엄마가 당시 여유가 좀 있던 외삼촌에게 강권하여 처분할 수 있었던 것인데 엄마는 내가 힘든 고비마다 안 나서 준 곳이 없는 것 같다. 부족한 자금은 은행 융자를 받았으나(둘 다 직장생활을 하고 있어 융자는 잘 되었다) 입주하려면 잔금까지 훨씬 더 자금이 필요했다. 우리는 입주를 포기하고 부동산 중개사무소에 매물로 내놓았다. 단칸방에서 탈출하기만을 고대하고 있었는데 내가 택할 수 있는 다른 선택지가 없었다. 그렇게 나의 생애 최초 분양 주택은 날아가 버렸다.

큰 아이 9살에 단칸방에서 탈출

신혼집은 남편이 모은 돈에서 결혼자금을 쓰고 남은 돈으로 친정 가까운 안양에 월세를 얻기로 하였는데, 월세방에 내 딸을 살게 할 수는 없다는 엄마가 딸 월급으로 모아둔 500만원을 보태주어 당시 2,400만원에 거래되던 낡은 아파트를 1,200만원을 주고 전세를 얻어 입주했다. 지금 같았으면 융자를 얻어서라도 샀을 텐데, 엄마는 낡은 아파트를 왜 사냐고 반대했다. 덕분에 2년 후 88올림픽과 함께 집값이 오르기 시작하고 전세금도 두 배로 뛰어 감당하기 어렵게 되었다. 고민 끝에 엄마가 친정에서 돌보며 주말에만 우리가 들여다보던 첫째 아이 양육을 핑계로 엄마 집 단칸방에 1,000만원 전세를 주고 이사했다.

친정집은 외손녀지만 첫째 손주가 나오자 집안은 웃음꽃이 피었다. 엄마는 나의 첫째 아이를 시작으로 친손주와 외손주를 합쳐 5명을 돌보시다 뇌졸중으로 쓰러지기도 하셨다. 엄마 집으로 이사 온 후 내 직장 생활은 더욱 안정되었다. 야근할 때도 다른 여자 직원과 달리 걱정이 없었다. 남편은 이 시기에 어렵게 기술사 자격증을 땄다. 새벽 일찍부터 단칸방에서 공부하며 해낸 일이라 더욱 뿌듯했다. 1년쯤 뒤 남동생이 결혼하여 집으로 들어와 살기로 했다. 빠듯한 엄마 형편에 결혼하는 아들 전세를 구하는 대신 며느리랑 함께 살기로 한 것이다. 나는 방을 얻어 나가야 했고, 남편과 나는 인근 복덕방에 집을 구하러 다녔다. 그러나 1,000만원 남짓한 돈에 맞는 방을 구하기 쉽지 않았다. 결국, 엄마가 나서서 이웃들에게 수소문한 끝에 엄마 집에서 두 집 건너인 만두 가게를 하는 사장님 집의 방을 얻어 이사했다.

우리가 이사 간 집에는 다행히 우리 아이와 같은 어린아이가 없었다. 또래끼리 주인집과 단칸방 아이로 만나면 우리 아이들이 치일까 봐 걱정했을 텐데 그나마 다행이었다. 단독주택 한쪽에 붙은 단칸방은 좁은 마당 구석에 재래식 화장실이 있고, 마당보다 낮은 흙바닥 부엌을 거쳐 두 계단을 올라가면 방이 있는 구조였다. 방 안에는 시집갈 때 엄마가 해준 8자짜리 상일 가구 장롱과 문갑, 장식장, 냉장고까지 놓고 나니, 남은 물건들은 사과 상자에 담아 부엌 위에 있는 다락방에 쌓고 살아야 했다. 한번은 다락에 올라갔다가 쥐를 보고 혼비백산했는데, 그 이야기를 들은 남편은 쥐 잡고 방충망 한다고 야단이었다.

좁은 방이었지만, 이곳에서 우리 네 식구는 퇴근 후 깔깔거리며 놀다가 잠들곤 했다. 해가 지나면서 자다 보면 어느새 덩치가 커진 아이들 다리가 겹치고 옆으로 자는 게 편할 때가 많았다. 계속 방 하나에서 생활하는 것은 무리였다.

6년의 단칸방 생활과 맞벌이 덕에 모은 돈으로 작은아이가 일곱 살, 큰아이가 9살일 때 드디어 우리는 집을 지어 이사 가게 되었다. 처음으로 넓은 새집으로 이사 간다는 기쁨은 비좁은 셋방살이의 고단함도 다 날려버렸다.

광교산 자락, 그림 같은 전원주택에 살다

단칸방에 살던 우리에게도 좋은 기회가 찾아왔다. 용인에 있는 비닐하우스에서 열대어 부화장을 하며 기도하시던 정 선생님이 시집 식구들과 함께 땅을 사서 집을 짓기로 하고 신봉리 토지임야를 사기로 했는데 우리도 끼게 된 것이다. 6명이 산 밑에 있는 땅을 사서 나누고 보니 우리 집터는 153평이었다. 공사는 대학 동기인 고재수 대표에게 부탁하여 정 선생님, 시누이, 둘째 동서 형님, 우리, 엄마, 그리고 내 고시 동기인 정태화 대표까지 여섯 채의 집을 지으며 전원생활을 꿈꾸었다.

그 사이에 매물로 내놓은 쌍용아파트가 한 참 만에 팔렸는데, 정산해 보니 이천만 원쯤 남게 되어 빚이 좀 줄어 좋았다. 그런데 팔린 이유는 따로 있었다. 며칠 뒤 신도시가 발표되면서 집값이 오른다는 것을 미리 안 사람들이 주택을 사기 시작한 것이다. 내가 매도한 그 아파트는 몇 달 만에 분양가의 두 배가 되었다. 나는 신도시를 발표하는 기관인 건교부 도시계획과에 근무 중이었는데, 등잔 밑이 어두웠던 것일까? 부동산에 관심이 없었던 것일까? 너무 청렴했던 것일까? 집을 짓는 책임을 맡은 남편은 힘이 들었다. 여섯명 집주인의 의견이 같을 수는 없으니 조정해야 했고, 다양한 의견에 따라 공사비가 올라가면 계약한 금액에서 추가되는 것에 건축주는 예민해졌다. 남편은 고재수 사장과 건축주 사이에 끼어 힘들어했다. 괜히 집 짓는 것을 맡았다고 푸념도 해가며 어찌어찌 집이 완성되었다.

큰아이 9살 때 우리는 난생처음 우리가 지은 대궐 같은 신봉리 주택으로 이사했다. 창이 커다란 넓은 거실, 사람이 들어가서 청소할 정도로 큰 열대어 수족관을 거실과 경계에 두고 초록색 한샘 원목 가구로 꾸민 주방, 옥빛 욕조가 있는 욕실과 화장실, 거기에 파란 잔디가 깔린 정원까지 있는 정말 근사한 집이다. 산 밑에 놓인 우리 집은 집을 짓는데 들어간 비용을 조달하느라 빚을 낸 것을 빼곤 청정 자연의 그림이 되었다.

우리가 입주할 때 시누이와 둘째 동서 형님은 생전 처음 보는 커다란 양문형 GE 외제냉장고를 공동으로 선물해 주었다. 수고한 남편 덕분에 대형 냉장고가 생기다 보니 결혼할 때 산 180리터 냉장고는 멋진 새집에 오지 못했다. 그뿐이 아니다. 장롱도, 장식장도 화장대도 전원주택에 어울리지 못해 나는 10년 가까이 끼고 살던 정든 가구와 이별해야 했다.

전원주택 생활은 우리 집이 산 밑 첫 번째 주택이라 오염원이 없는 청정 생활이었다. 가끔 등산하는 사람이 집 예쁘다고 열린 대문을 기웃거리는 것 빼면 여섯 집 식구들이 전부였다. 문제는 관리였다. 여름이면 아침 일찍 일어나 잔디 사이로 올라오는 풀을 뽑는 것이 하루의 시작이었고, 주말이면 잔디를 깎고 정원수를 다듬어야 했으며, 3~4년마다 옥상 방수를 보수하고 난간 파이프에 페인트 덧칠을 해야 했다. 가끔은, 주택관리에 서툰 이웃집의 관리에도 나서야 했다.

서소문까지 장거리 출퇴근을 하던 남편은 주말에도 쉴 틈이 없었고, 서로 지치면서 부부싸움도 잦았다. 결혼 5년 만에 온다는 권

태기가 왔나 했다. 전원생활은 좋은 공기 마시고 잔디밭에서 삼겹살도 구워 먹을 수 있는 좋은 점이 있지만, 관리가 힘들다. 지금 전원주택을 꿈꾸고 있다면 관리할 여력이 있는지 꼭 생각하고 결정하기를 바란다.

그렇게 좋은 주택이었고 대문만 열면 등산로가 있어도 광교산에 올라간 적은 몇 번 안 된다. 아이들은 아이들대로 힘이 들었다. 읍내에 있는 수지초등학교까지 마을버스를 타고 가야 했는데, 우리 집이 산에 있어 500m나 걸어 내려가야 버스 정류장이 있는데 아이들 걸음으로 20분은 걸렸고 문제는 혼자 걷는 산길이라 무서울 수도 있었다.

아침엔 내 차에 태워 학교에 갔으나 엄마와 아버지는 아이들이 학교에서 돌아올 시간이면 정류장에 내려가 아이 가방을 받아들고 함께 집으로 올라왔다. 친정에 일이 있어 아이 혼자 올라오는 날은 조금 걷다 뒤돌아보고 또 걷다 돌아보며 걸어오느라 시간이 더 걸렸고 아이 이마엔 땀방울이 흥건했다.

큰 아이는 학교숙제도 그렇고 하고 싶은 것도 계획을 세워 잘 하였지만, 7살이던 작은 아이는 남자고 어려서 더 그랬겠지만 퇴근해서 확인할 때까지 숙제가 되어있는 날이 드물었다. 아들 녀석은 마을에 친구가 둘이 있었는데, 낮에는 집에 모여 놀았고 어두워져서 각자 집으로 흩어지고 나면 로봇조립을 반복하며 배고픔을 참고 엄마를 기다렸다. 한창 먹을 나이에 제대로 못 먹어서 비쩍 마르고 키도 덜 자란 것 같아 미안하다.

엄마는 산에 사시며 어린 친손주를 봐 주셨는데, 온종일 이야기할 사람이 아이들하고 아버지를 빼면 없었다. 힘이 부치기 시작한 엄마가 어느 날 뇌졸중으로 쓰러지셨다. 엄마의 인생은 없이 아이들 돌보고 안양 집을 팔며 사기를 당한 엄마에게 화병까지 겹쳐

광교산 자락에 지은 주택

엄마의 몸은 급격히 쇠약해져 갔는데 자식들은 사느라고 눈치도 못 채고, 입원한 엄마를 두고 병원비 걱정을 했다.

엄마가 더는 아이 돌보기가 어려워지자 큰동생 아들 주환이는 자기 엄마의 집으로 갔고, 작은동생이 엄마와 함께 살았다. 그때부터는 아버지가 더 역할을 하시게 되었다. 얼마 후 나는 성남시 수정구청 관사로 입주하면서 집을 팔아야 했다. 엄마도 빚에 쪼들리기도 했고 혼자 산에 사는 것이 싫다고 집을 팔았다. 이러저러한 이유로 둘째 동서 형님도, 시누이도, 정 선생님도 모두 집을 처분하고 아파트로 이사했다. 남은 집이라곤 정태화 대표가 지금도 광교산을 지키고 있다.

아버지는
제지회사 생산 전문가

아버지는 보은군 마로면 기대리에서 7남매의 맏이로 태어나 혼자된 할머니와 동생들을 돌보며 성장하셨다. 아버지는 기대리에서 보은 읍내까지 두 시간을 걸어서 보은중학교에 다니셨고, 늘 자랑으로 여기시던 대전 공전에서 기계과를 다니셨다. 당시 사회는 먹고사는 것이 부족하고 일자리 구하기가 하늘의 별 따기로 어려웠다고 하셨다.

결국, 안양에서 한국제지에 다니시던 큰 고모부가 소개하여 한국제지에 임시직으로 취직 하셨다. 당시 한국제지는 석탄을 태워 제지회사의 열원으로 사용했는데, 아버지의 첫 작업은 회사 담장 옆 안양역에 서는 석탄 화물 기차에 올라가서 석탄을 퍼서 지상으로 내리는 일이었다고 했다. 아버지는 고등교육까지 받고 석탄을 펴야 하는 자신의 모습을 노출하기 싫어서 모자를 눈까지 눌러 쓰고 작업을 하였다고 하셨다.

그렇게 막노동으로 시작했지만 똑똑한 아버지는 제지회사의 꽂인 백상지(지금의 하얀 복사지) 펄프 생산 전문가로 성장하였고, 마침 전주에 있는 전주제지가 확장되면서 과장으로 스카웃 되어 온 가족이 회사 사택으로 이사했다. 아버지는 지금도 그렇지만 꽃나무를 참 좋아하셨는데, 회사에서 추진한 '사택 정원 예쁘게 가꾸기 사업'에 응모하느라 가족들과 다알리아, 칸나 같은 예쁜 꽃을 심고 가꾸었다. 전주 생활은 2년 정도로 그리 길지 않았다. 오산에 계성제지가 있었는데 아버지는 계성제지 생산부장으로 내가 4학년 때 옮겨 오셨다.

나는 오산에 있는 성호 초등학교로 전학했다. 학교에서 여름방학에 '퇴비 해오기', '솔방울 따오기' 숙제를 내주면 아버지는 가정적인 분이기도 하여 퇴비를 묶고 새끼를 꼬아 달아주어 내가 가지고 가기 쉽게 해 주었다.

나는 서울로 기차통학을 하기도 했는데, 아버지는 나를 자전거 뒷자리에 태워 오산역까지 데려다주고 데려오곤 하실 정도로 가정적이셨다. 내가 대학에 들어가기까지 살았으니 오산에 10년은 사신 것 같다. 오산에서 안암동까지 통학은 쉽지 않다고 생각하셨는지 아버지는 수원 고등동으로 이사해 주었다. 지금 생각하면 오산이나 수원이나 멀기는 매한가지인데 나는 군소리 하지 않고 수원역에서 전철을 타고 통학을 했다. 한 가지 지독하게 싫었던 것은 수원역에서 집으로 오는 사이에 있던 집장촌을 통과하는 것이었다. 다행히 아버지는 학교가 조금 더 가까운 안양으로 이사 하셨다. 그 무렵 아버지의 직장도 홍천에 있는 제지회사 공장장으로 바뀌어 아버지는 가끔 집에 오셨다.

포천 허브아일랜드

아버지가 살아갈 집을 마련한 사위

그러던 아버지가 50 중반에 퇴직을 하셨다. 산에 집을 짓는다는 딸을 따라 함께 신봉리에 집을 짓고 이사 오셨다. 문제는 아버지가 집을 지으면서 안양 집을 팔았는데, 잔금을 받기 전에 등기를 넘겨주는 바람에 집을 날리게 된 것이다. 이미 집 짓는 것은 진행 중이라 빚을 내 마무리를 하다 보니 아버지의 생활은 쪼들리기 시작했고 결국 신봉리 주택을 처분하게 되었다. 단독주택이 살기는 좋아도 시세는 낮아서 아버지는 빚 갚고 남는 돈이 얼마 되지 않았다. 아버지는 두 아들과 남은 돈을 나누고 지방에 있는 제지회사에 다시 취직하여 전세라도 구해 이사 갈 생각이셨던 것 같다.

그러나 그것도 여의치 않은 차에 정 선생님이 아버지 사시기 안성맞춤이라며 광주 오포읍에 있는 작은 집을 소개해 매입하게 되었다. 나는 곧바로 아버지에게 헌 주택이지만 보수하겠다고 이야기했지만 손대면 쓰러질 것 같은 고물 주택에 엄마는 가기 싫다고 하셨다. 아버지도 덩달아 탐탁지 않게 생각하셨다.

그렇게 시간이 흐르고 있었는데, 아버지는 오포 집을 헐고 새로 짓기를 바라며 내가 사는 집으로 옷가지만 들고 들어와 버렸다. 남편에게는 신축에 관해 이야기하지 않은 터라 난감했다. 그러나 상황을 이해한 남편은 빨리 오포 집을 짓는 방법밖에 없다고 쉽게 결론을 냈다.

오포의 헌 집을 헐고 새집을 짓기는 쉽지 않았다. 워낙 옛날 동네여서 차가 다닐 수 없는 도로 끝에 있는 집이었는데, 4m 도로를 확보하려니 앞집을 찾아가서 돈을 줘 가며 사정을 하고 동의를 받아야 했고, 철거한 잔재물을 실은 덤프차가 언덕을 올라가다 도로에 얕게 묻힌 하수관을 파손하고 남의 집 지붕을 건드려 집수리를 대대적으로 해줘야 했던 일도 있다. 산 밑이라 우수관을 온 동네 물을 다 받아 낼 정도로 큰 관을 묻어 손해를 본 일 등 건축 행정 공무원이 되어도 실제 현장에선 쓸모도 없이 이래저래 돈이 많이 들어갔다.

겨우 줄어들기 시작한 빚이 오포 집을 지으면서 다시 늘고 있었다. 어렵게 17평짜리 집이 완성되자 아버지는 2003년 초겨울 이사를 나가셨고, 나는 난생처음 그 무서운 1가구 2주택이 되었다. 남편은 처가의 일이지만 내 부모와 똑같은 부모이고 우리가 이렇게 잘 살 수 있는 것은 장모님 덕이라고 앞장서 주었다. 내가 남편의 입장이라면 남편처럼 할 수 있었을까? 오포 집에서 엄마는 모처럼 동네 사람들과 경로당에도 가고, 아버지는 토지를 얻어 조그만 밭을 갈고 가끔 주변 사람에게 막걸리도 사시며 동네의 품격있는 노인 부부로 행복하셨다. 신봉리에서의 힘든 시간이 조금이나마 벌충되었으면 좋겠다.

한동안 조용하게 잘 살던 동네에 원룸 개발 바람이 불었고, 아버지 사시는 옆 터에도 원룸이 건설되며 공사장 먼지와 소음으로 어수선했다. 아버지는 조용한 동네가 변했다고 불만이었는데, 나는 아버지에게 집을 팔 생각이 있는지 물으니 선뜻 동의해 주셔서 오포 집을 처분하게 되었다.

다시 아버지가 사실 주택을 찾아야 했다. 이미 양도세 중과세를 경험한 나는 집을 새로 사는 것이 부담되어 전셋집을 알아보고 있었다. 아버지는 내 명의로 사면 중과세가 해결된다고 주택을 사라고 했지만, 그건 나중에 또 다른 문제를 만든다고 남편이나 나는 끝까지 듣지 않고 연립주택 전세를 계약했다. 연립주택은 더 넓고 깨끗하고 평지에 있어 생활하기 편리했다. 특히 한겨울 난방을 도시가스로 해서, 먼저 살던 집의 등유 난방 비용보다 훨씬 덜 들었다. 4년을 살고 나니 집주인이 월세로 바꾼다며 60만원의 월세를 내거나 아니면 집을 비워 달라고 했다. 다시 아버지의 집이 문제가 되니 남편에게 면목이 없었다. 나이 드신 부모님을 자꾸 이사 다니게 하는 것도 부담이 되어 우리는 다시 연립주택을 사게 되었다.

부모가 집을 살 형편이 안 돼 자식이 집을 한 채 더 매입해서 부모에게 무상으로 살게 하고 있는데, 수년이 지나도 1억 안팎을 맴돌고 있는 작은 주택으로 인데 효도하는 자녀가 1가구 2주택 투기자로 분류되 중과세 대상이 됐다. 효도를 머뭇거리게 하는 정부의 정책에 화가 난다. 지금도 그 작은 주택으로 인해 중과세 걱정이 계속된다.

옥수수를 먹는 쥐 다섯

엄마는 중풍을 겪으면서 한쪽 다리를 절었는데 나이가 드시면서 혼자서 걷기가 불편해 외출할 때면 내가 엄마 손을 잡고 걸었다. 한번은 화성시 매송면에 있는 정헌관 나무 박사의 쉼터에 부모님과 함께 방문했던 적이 있다. 정 박사님은 산림 분야의 최고 권위 있는 기관인 국립산림과학원의 원장을 지내셨는데, 퇴직 후에는 산에 백합나무를 심고 가꾸며 미래세대의 자산을 관리하고 있다.

쉼터와 정헌관 박사

쉼터에는 각양각색의 나무와 꽃들이 피어 있고 한 나무에서 한 가마니를 딴다는 정헌관 다래나무, 농장 관리인의 연봉 수익이 난다는 개량 헛개나무 등. 직접 육종한 다양한 나무들이 심겨있다. 농장을 다니며 엄나무순도 따고 취나물, 원추리도 뜯고 밥상을 빛낼 보약을 잔뜩 담았다. 쉼터에 돌아와 출출한 김에 박사님이 삶아 놓은 옥수수를 한 자루 씩 집어 들었다. 그런데 우리 부부와 엄마 아버지가 모두 쥐띠였고 정 박사님까지 쥐띠인 걸 알았을 때 다섯 마리 쥐는 옥수수를 바라보며 깔깔거리고 한바탕 웃어버렸다.

정 박사님은 내 고향 보은에 있는 산에도 백합나무를 잔뜩 심고 관리하였는데, 그 먼 거리를 운전하면서도 신이나 노래를 불렀다. 고향이라는 이야기에 아버지와 남편과 함께 따라나선 적이 있다. 온 산에 백합나무가 가득하고 매실은 황매실로 익어 장관이었다. 돌아오는 길에 미원에 있는 식당에서 올갱이 해장국을 먹었는데, 언젠가 정 박사님 혼자서 드시다 생각나 전화가 걸려온 적도 있다.

정 박사님은 옥란문화재단 이사장을 맡은 홍사종 교수와 가깝게 지내셨다. 홍사종 교수가 태어난 옥란재는 터가 너른 화성시 서신면에 있는 오래된 한옥인데, 교수님의 어머니 호를 따 이름이 되었고, 지금은 약간의 개량을 통해 세미나와 숙박을 할 수 있는 서울 근교의 힐링 장소로 유명하다.

마당에는 작은 배를 띄운 연못이 있고, 닭장이던 공간에 유명 화가에게 닭의 그림을 그려 넣게 하여 만든 닭장카페와 주인의 애마가 쉬는 마굿간이 있다. 박사님 아이들이 어렸을 때 책을 읽게 하려고 숲속에 만든 숲속 도서관이 있고 꽃과 나무가 즐비한 이 아름다운 공간을 어떻게 선뜻 기부할 수 있었는지 보통 사람은 알기 어렵다. 홍 교수는 미래상상연구소 대표이기도 한데 상상력이 풍부한 스토리텔링 대가의 이야기를 듣고 있으면 시간이 어찌 가는 줄을 모른다.

옥란재 안채 풍경

해풍 맞으며 자란 화성 송산포도

화성시는 '송산포도'라는 브랜드로 여러 가지 포도 산업 육성 정책을 펼치고 있다. 맛이 좋은 캠벨이 많이 생산되지만 늦은 여름 한 철에 집중생산 되면서 제값을 유지하기 어렵고 생산과잉이 될 때는 더 큰 문제가 있었다. 시장은 포도 생산자들에게 뉴질랜드 키위 협동조합이 어떻게 성공해서 세계적인 유통망을 갖고 성공할 수 있었는지 해외 견학과 교육을 받게 하며 포도 산업을 육성하고자 했다.

한번은 시장이 인솔자가 되어 다녀왔고 나는 김시권 화성시 포도 회장과 차기 회장이 된 당시 이완용 총무를 비롯한 포도 생산자들과 함께 뉴질랜드로 출장을 갔다. 뉴질랜드의 키위는 뉴질랜드의 상징인 키위새와 비슷하여 국가적인 마케팅을 하면서 붙인 이름이다. 지금은 세계 최고의 키위 유통 점유율을 가지고 있는 뉴질랜드 키위도 처음에는 뉴질랜드에 있는 키위 판매상끼리 수출 경쟁을 하면서 가격이 점점 하락하고 산업이 망하게 됐다. 국가가 키위 협동조합을 만들고 수출거래 창구를 단일화하고 관리하면서 오늘날 최고의 품질과

뉴질랜드 출장중 키위농장에서 현장견학하는 모습

뉴질랜드 키위센터

뉴질랜드 키위새 상징조형물

화성 송산포도 회장을 지낸 이완용 젊은 농부의 농장

벤치마킹과 교육을 겸하여 출장이 진행되었고 일과가 끝나면 삼삼오오 연수원 방에 모여 송산포도를 어떻게 성공하게 할 수 있는지 누가 시킨 것도 아닌데 열띠게 토론했다. 나도 그중에 한 그룹이 모여 있는 방에 가게 되었는데 이번에야말로 송산포도를 키위처럼 만들어 보자는 열기로 가득했다. 방안에는 야식도 있었는데 출장 다니면서 한 번도 보지 못한 커다란 빨간 전기쿠커 안에 명태를 통째로 넣고 라면을 끓여 먹고 있었다.

바다에 인접한 도시, 화성시에서 바닷바람을 맞고 익어가는 송산포도는 특히 맛이 좋은데, 명태를 수시로 먹어 포도 농사도 잘 짓고 있는 것 같기도 하다. 포도 생산자들과의 출장은 잊지 못할 추억이 되었다. 화성시의 농민 해외연수와 교육, 지속적인 산업지원으로 포도 농가들의 도전은 오늘도 계속되고 있다. 그 결과 화성시 송산포도 브랜드의 가치가 올라가고, 품종이 캠벨만이 아니라 요즘 잘나가는 샤인머스켓까지 포함해 다양해지고 6차산업으로 연결되어 최고의 포도 산업으로 거듭나고 있다.

2021년
평택시 명예시민이 되다.

나는 평택시와 유독 인연이 많다. 2007년 경기도 주거대책본부에서 「평택발전특별법」 개정이나 고덕신도시 개발을 지원하면서 평택시 관련된 일을 하였으니 시간도 상당히 흐른 것 같다. 고덕신도시의 앵커시설은 지금의 삼성반도체가 들어온 산단시설 부지다. 기업이 들어올 수 있는 기반을 갖춰 놓는 것이 필요하여 국회와 중앙정부를 다니며 설득했고, 황해경제자유구역청장으로 있으며 평택항 활성화에 관심을 가졌던 것 등 나는 평택시 공무원도 아닌데 발 벗고 뛰어다닌 일이 생각난다.

평택시 산업단지 물량 배정과 고덕신도시의 현안을 해결하면서 당시 송명호 평택시장은 언젠가 나를 평택시 명예시민으로 위촉해야겠다고 말했다. 웃으면서 지나쳤으나 명예시민은 말 그대로 명예이기에 기분 좋은 일이었다.

정작 내가 평택 명예시민이 된 것은 김선기 시장, 공재광 시장을 거쳐 14년이 지난 2021년 정장선 시장 때였다. 정 시장은 국회에서 3선 의원을 지냈고, 2007년에는 건설교통위원회 여당 간사를 맡고 있으면서 중앙정부와 풀리지 않는 현안에 조정자 역할을 했는데, 자연히 경기도 쪽 실무 대표인 나와의 인연이 많기도 했다. 2018년 평택시장이 되어서도 평택항 발전에 관심을 가지고 당시 황해경제자유구역청장으로 일하던 나의 제안에 귀를 기울이기도 하였다. 명예시민 증서를 받던 날 나는 남편과 함께 평택시청 현관을 통과했다. 평택시 발전을 다시 생각하게 하는 기분 좋은 날이다.

평택시 명예시민 패

응원군이 되어준 정성종 선생님

내가 정성종 선생님을 만난 것은 1989년 풍덕천 비닐하우스에서다. 멀쩡하게 출근했던 남편이 통증으로 허리를 아파하자 급한 김에 광화문 근처 한의원에서 침을 맞았는데, 그날은 아예 허리를 펴지 못하고 출근도 하지 못했다. 그 무렵 시누이는 허리 통증으로 고생하고 있었는데, 이야기를 듣더니 바로 소개해 주어 만난 분이 정 선생님이다.

정 선생님은 용인시 수지읍이 신도시로 개발되기 전 풍덕천에 있는 토지를 빌려 비닐하우스를 짓고 열대어 부화장을 운영했다. 온갖 종류의 물고기와 거북이까지 있었고, 비닐하우스 주변에는 예쁜 꽃들도 피어 가고 오는 이를 반겼다. 남편도 정 선생님 덕분에 허리가 좀 나아지고 아이들이 아플 때도 오고 가며 인연이 이어졌다. 엄마에게 일이 있어 내 아이들을 맡길 곳이 없을 때도 아이를 기꺼이 맡아주셔서 진땀을 빼게 한 적도 있다.

정 선생님은 열대어도 키우고 전국을 다니며 기운을 얻으셨고,

우리에게는 힘든 일이 있을 때마다 길 안내를 하며 식구들이 잘 성장하도록 응원해 주셨다. 지금껏 우리가 건강한 가정을 꾸려 나가고 있는 것이 덕분이라고 생각하며 감사드린다. 나는 공직에 있으면서 이동도 많았는데, 때마다 와주셔서 그곳의 기운과 지세를 봐주시어 지금껏 무탈하게 지내 왔다. 작은 법당을 지키시며 조석(朝夕)으로 발원하시는 기도가 이루어지고 주변에 가득한 예쁜꽃과 나무의 생명력으로 노년이 건강하시길 기원드린다.

정 선생님이 키우는 화초

예술가 사위

딸애가 치과 전문의 시험이 막 끝났을 때, 집으로 남자친구를 데려왔다. 남자친구라 하기보다, 결혼할 사람이라며 꽃을 한 다발 들고 들어왔다. 현관에 들어선 친구는 훤칠한 키에 자상해 보이는 첫인상을 주며 내 인생에 등장했다.

남편과 나는 이 범상치 않은 친구를 보며 이리저리 관찰 중이었는데, 딸애와 결혼하고 싶다고 해서 깜짝 놀랐다. 딸을 만난 지 얼마 안 되고, 만난 횟수로 치면 딸애가 전문의 시험 준비 중이라 더욱 짧았는데 처음 만나는 딸의 부모 앞에서 훅 치고 들어 온 것이다.

우리는 이 당돌한 예비 사윗감에게 '너무 빠르지 않은지'를 물었다. 그의 대답은 "저는 제 판단을 믿습니다"라는 거였다. 아니 몇 번이나 만났다고 제 판단을 믿는다는 것인지 이해하기 어려웠지만, 금쪽같은 내 딸의 가치를 알아주는 이 젊은이의 매력에 이미 넘어가는 중이었다. 그렇게 갑자기 찾아온 손님이 어느 날 내 사위가 됐다. 우리가 이 세상 소풍을 마치고 돌아갈 때 딸아이의 든든한 울이 되어줄 최고로 멋진 사위가 생긴 것이다. 사위는 강남에서 잘나가는 의사로 눈(目) 전문 성형외과를 운영하고 있다. 사위는 자기를 소개할 때 예술가라고 했다. '의사가 예술을 하나?' 돌아가신 안사돈은 미술도 하고 도자기를 만드는 예술가였는데, 엄마의 예술성을 이어받았나 보다. 사위는 성형을 위해 환자의 얼굴에 그리는 디자인 감각이 남달리 좋고 손재주 또한 좋다.

성형수술을 하는 것이 아니라 귀한 환자의 얼굴이 더 돋보이도록 작품을 만드는 마음으로 일하니 예술가 아니냐고 설명했다. 이를 증명이라도 하듯 젊은 예술가의 손맛을 경험한 사람은 다른 사람을 줄줄이 달고 나타난다고 한다. 작품에 가치를 매겨 달라는 사위의 정성이 통하나 보다.

포천 허브 아일랜드

그러고 보면 우리 가족은 예술가 집안인가? 우선 성형예술을 하는 사위, 치열(齒列)을 고르게 교정하여 예쁜 얼굴로 만드는 딸, 건축을 공부한 아들과 우리 부부까지? 한 가족으로 쑥 들어와 준 멋진 사위의 작품 실력이 일취월장하고, 동화 속 주인공으로 서로 배려하고 양보하며 행복한 이야기를 그려 나가길 응원한다.

영원한 내 반쪽

내 남편은 나를 좋아해 주는 일편단심 민들레다. 대학교 1학년 말에 만나 7년을 연애하고 결혼하여 두 아이 낳고 키우며 35년이 넘게 나와 살아준 고마운 동지다. 유머 있고 여유 있으며, 싸우면 먼저 말 걸어 주고 배려할 줄 아는 멋진 친구다. 엇나가는 일이 있을 땐 가장 아프게 말해주는 나의 지지자기도 하다.

일하는 멋진 아내를 만난 탓에 현모양처의 지원을 받지 못했고, 집안일은 함께 해야 했으며, 오해의 빌미가 될까 아내가 일하는 분야 지역에서 회피하여야 했다. 이렇든 양보한 남편이 있어 내가 이제껏 스포트라이트를 받고 살았다. 지금에 와서 미안한들 무슨 소용이 있을까마는 희생해 준 내 남편이며 친구인 그에게 진정 미안하고 고맙다. “함께 살아줘 고마워요, 사랑해요~” 60이 넘어 우리는 일을 줄이고 남는 시간을 아껴 우리를 위해 쓰기로 했다. 앞뿐 아니라 좌우도 돌아보며 정을 함께 나누는 사회의 일원으로 돌아가려 한다. 평생을 함께해 왔고 함께 할 남편이 건강하기를 바란다.

엄마 고마워,
그리고 미안해! 사랑해!

내 인생의 곳곳에 엄마의 정성이 스미지 않은 곳이 없지만 엄마는 더 이상 이 세상에 있지 않다. 86세를 일기로 마지막 6개월을 누워 지내시다 저세상 편안한 곳으로 가셨다. 아버지는 "이제 어디 가서 엄마를 부를 수 있냐" 며 한탄하셨지만, 엄마는 가기 싫다는 말은 한마디도 없이 힘들다는 소리만 거듭하며 이 세상 소풍을 마치셨다. 엄마를 떠나보내는 날은 따뜻하고 꽃이 만개했고 아름다웠다. 그녀의 인생을 닮아 먼지 한 점이 없었다.

내 인생에 엄마가 없었다면? 아마도 지금처럼 멋진 내가 있었을까?

"엄마! 나 잘 키워줘서 고마워요. 내 아이들 잘 키워줘서 고맙고요. 엄마한테 더 자주 가보지 못해서 미안해요. 엄마보다 내 아이가 먼저여서 미안해요. 미안한 것이 아주 아주 많아요. 또 미안해요.

두고 가신 아버지 걱정이 크시죠? 아버지는 엄마가 떠나고 한동안 깊은 슬픔에 잠겨 있었어요. 지금도 아버지는 아침마다 엄마에게 올리는 정한수를 정수기 위에 올려놓으시는데, 엄마가 할아버지 삼년상을 치러준 것을 고마워하며 당신도 삼 년은 하실 것 같아요. 잘 보고 계시다 아버지 꿈에 가끔 나타나 주세요. 엄마의 빈자리가 조금 덜 느껴지게 동생이랑 아버지 자주 찾아보고 있으니 걱정 조금 내려놓으시고 이 세상에서 못한 공부도 하시고 훨훨 날아 여행도 다니세요. 나는 엄마가 남긴 옷 몇 가지를 내 몸에 맞게 줄여서 입었어요. 엄마가 입던 옷을 세탁하지 않고 그대로 입었는데, 엄마가 나를 덮고 있어요. 봄이 왔으니 세탁을 해야 하는데 쳐다만 보고 있어요. 엄마! 이 세상에 없으나 영원히 있을 우리 엄마 사랑해요! 사랑해요!"

화순씨의
세 번째 스무살

"꽃보다 더 좋은 날은 지금부터!!
나이가 뭐가 중요환갑
인생은 60부터"

만 61세 되던 날 경기도사회서비스원 직원들로부터 격한 축하를 받았다. 나의 호적이 1년 늦게 된 걸 모르는 직원들이 환갑 생일을 축하해 준 것이다. 환갑을 두 번 맞았으니 120살이 된 건가? 세 번째 스무 살이니까 계속 스무 살인 것도 같고. 나이 먹는 거 누군들 좋아할까 마는, 인생은 60부터라니 믿어보기로 한다.

나는 대학교 졸업하고 스물네 살에 회사에 취직해서 중간에 회사 옮기며 잠깐 쉰 것을 빼면 삼십칠 년쯤 일하는 중이다. 공직생활도 사무관에서 시작하여 1급까지 승진할 수 있는 복에 명예퇴직하기까지 일할 수 있었고, 더하여 공공기관에서도 일 할 수 있었으니 참 복이 많은 사람이다.

누군가 일하는 것이 지겹지 않은지 물어왔는데, 나는 조금 더 일할 생각이다. 다만 이제부터 하는 일은 하는 일의 성격을 달리하고자 한다. 조금 덜 생산적인 일? 나를 돌아보고 조금 더 여유를 갖고, 나도 돌보지만 너를 위할 수 있는 일을 찾고 실행할 생각이다.

공직을 마무리하고 일했던 경기도사회서비스원은 경기도에서 100% 출자한 공공복지기관이다. 어린이나 초등학생이나 어르신을 돌보는 시설을 직접 운영하기도 하고, 경기도의 수탁을 받아 노인일자리센터나 노인·중장년 상담사업, 노인 학대 예방을 위한 노인보호전문기관과 같은 광역 시설을 운영하는 등 아이에서 노인까지 전 생애에 걸쳐 공공돌봄을 하는 기관이다.

오랜 공직 경력 중에 행정을 총괄하면서 복지업무를 본 적은 몇 번 있지만, 복지부서에 전담 근무한 적은 없다. 그러나, 어렵게 설립된 기관으로 충분한 준비 없이 설립하다 보니 신설 공공기관이 자리 잡는 동안 기관의 시스템을 잡는 것이 우선이기도 하여 행정가의 손길이 많이 필요했을 것으로 보인다.

2020년 1월 29일 설립하여 이제 2년이 지났으니, 기관은 시스템뿐 아니라 사업 성과도 많이 안정된 것으로 평가받는다. 다음에 취임하는 대표가 다행히 복지전문가라면 전문가의 시각에서 다시 기관을 업그레이드시켜 나가게 될 것이다.

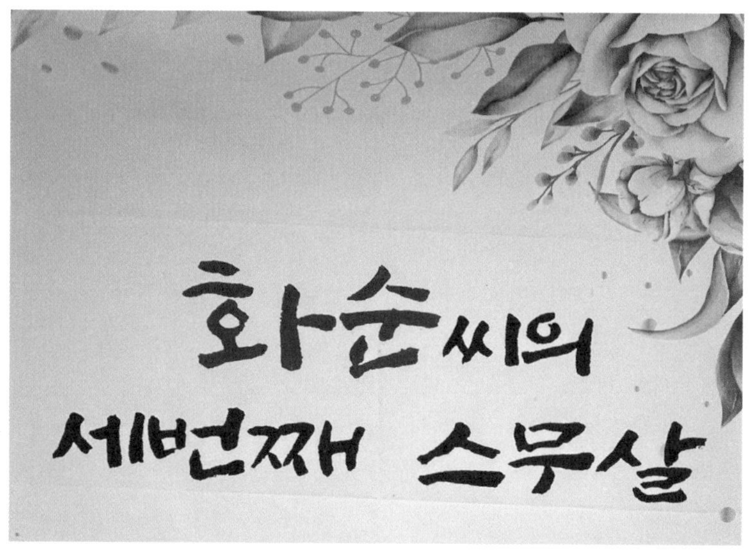

나의 모교
고려대로 돌아가다

나의 어머니는 충청북도 보은에서 6남매의 맏이로 태어나 관기국민학교를 우수한 성적으로 졸업했으나 외할아버지가 중학교에 보내지 않아 늘 배움에 목말라하셨다. 아버지가 제지공장에 다니며 벌어오는 월급으로 3남매를 키우기 빠듯함에도 어머니는 인형 눈붙이기, 아기 옷 만들기 같은 일거리를 하며 생활비를 보태고 악착같이 아이들 학교 뒷바라지를 하셨다.

어머니의 높은 교육열과 우수한 유전자 덕분에 고려대학교 공과대학에서 공부하게 되고, 잠시 건설회사에서 일했으나 대한민국 공무원이 되어 경기도 부지사까지 할 수 있었으니 스스로 돌아봐도 잘 살아온 것 같다.

공무원을 명예퇴직하고 새로 생기는 공공기관에서 2년이나 더 일할 수 있었으니 나름대로 사회에 역할을 했다고 생각한다. 노벨상 수상자인 아일랜드 극작가 조지 버나드 쇼의 묘비명이 오역의 여지는 있지만 '우물쭈물하다 내 그럴 줄 알았다'라고 하는데, 나는 이제 오롯이 내가 주인공인 인생 2막을 시작하고 있다. 사실 나의 어릴 때 꿈은 선생님이었다. 그 당시 어린아이들 앞에 선 선생님은 큰 세계를 이미 알고 있는 멋진 롤모델이기 쉽다. 초등학교 때는 초등학교 선생님, 중학교 때는 중학교 선생님, 또 고등학교 때는 멋진 스타일을 가진 선생님이 좋았고 나도 그렇게 되고 싶다는 꿈을 가졌다. 그래서 화학 선생님이 되고자 화공과가 있는 공대에 진학했다.

그러나 그 꿈은 대학교에서 학년이 올라가며 과를 선택할 때 크게 고려되지 않았다. 사실 어쩌다 건축공학과를 선택했는데, 그때는 내 손으로 나의 멋진 집을 지을 수 있다는 생각이 대신했다. 나의 꿈이 분명하지 않았고 목표를 두고 준비한 꿈이 아닌 탓이기도 하다. 건설회사에 다니다 공무원이 되어 평생을 살았으나, 그렇다고 나의 꿈이 실현되지 않았다고 후회한 적도 없다. 오히려 내게 맞는 옷이라 자부하며 한평생 잘 입고 벗었다. 오히려 공직의 옷을 벗으며 대학교수가 되고자 애썼다. 나의 어릴 적 꿈이 선생님이었다는 걸 잊지 않고 있는 내가 신기할 정도다. 초등학교 선생님이 몸이 자라면서 대학교 교수로 바뀌었을 뿐이다. 그것도 나의 모교의 선생님이 된 것이다.

나는 이제까지의 공직이나 공공기관 근무와 아주 다른 생활에 익숙해 지고 있다. 기차를 타고 학교에 가는 길이 즐겁고, 학생들의 눈빛이 반갑다. 31년이 넘는 공직생활 중 가장 많은 기간을 몸담았던 도시·건축·개발 분야의 행정 경험을 이제 나의 모교에서 배움의 길에 서 있는 후배 청년들과 공유하고 그들에게 필요한 것을 전달해 줄 수 있다.

다양한 행정 스펙트럼을 가졌기에 책 속에 있는 지식이 아니라 경험을 바탕으로 행정의 지혜를 이야기할 수 있는 내가 고맙다. 나에게 조금 더 너그럽고, 너를 조금 더 생각할 줄 알고, 내가 가진 것을 나눠 쓸 줄 알며 나의 시간을 더 배려하는 삶이 조금 더 남아 있기를 소망하면서 오늘도 배낭을 꾸린다.

도시재생 현장견학

3-2

돌이킬 수 없는 보육, 모든 것엔 때가 있다

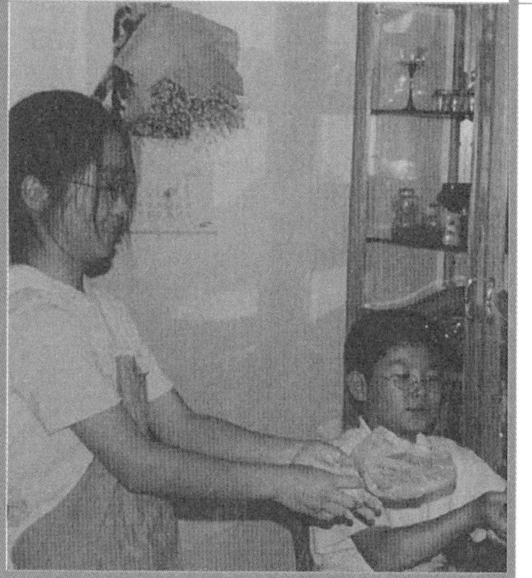

8살 누나

다들 그렇겠지만 직장인이 퇴근 시간을 지켜 나오기는 쉽지 않다. 내 아이들은 학교에서 돌아오면 숙제를 하거나 밖에서 놀다 어두워지면 집에 들어가서 엄마 아빠를 기다렸다. 아빠는 직장이 서소문이고 회사에서 한창 자리 잡느라 바쁜 시기였으니 늦는 날이 많았다. 나 또한 중간 관리자가 되어 또박또박 퇴근할 수는 없는 일이니 아이들끼리 있는 날이 많았다.

아이들은 배가 고팠다. 학교에 갔다 오면 먹을 것이 필요했고, 저녁이 되면 더 맛난 것이 눈에 아른거렸다. 냉장고엔 반찬 몇 가지가 전부였고 스스로 차려 먹기도 쉽지 않은 어린아이들이었다. 동생이 배고프다고 투정을 하면 8살짜리 누나는 앞치마를 입고 라면을 끓여 식은 밥을 덥혀 나눠 먹었다. 싱크대가 높아서 의자를 가져다 놓고 무릎 세워 설거지하고 있던 두 아이에게 어떻게 미안함을 갚을 수 있을까? 나중에 작은 아이는 농담이 섞인 말이었지만, 엄마가 밥을 잘 안 해줘서 키가 작다고 투덜거렸다.

큰 아이는 친구가 없어 심심한 동생의 훼방에 속도 상했을 텐데 하나밖에 없는 어린 동생이라고 끔찍이 아끼며 잘 지냈다. 딸은 다 크고 나서 '나에게도 챙겨주는 오빠가 있었으면' 하고 푸념을 했는데, 딸이 5살 많은 신랑을 만나 오빠라고 부르며 사는 것과 무관해 보이지 않는다. 딸은 작은 아이가 군대에 갔을 때도 애인 없는 동생 기죽는다고 매번 먹을거리를 사서 우체국 택배로 부쳤다. 그 마음 변치 않고 두 아이가 앞으로도 쭉 사이좋게 지내기를 응원한다.

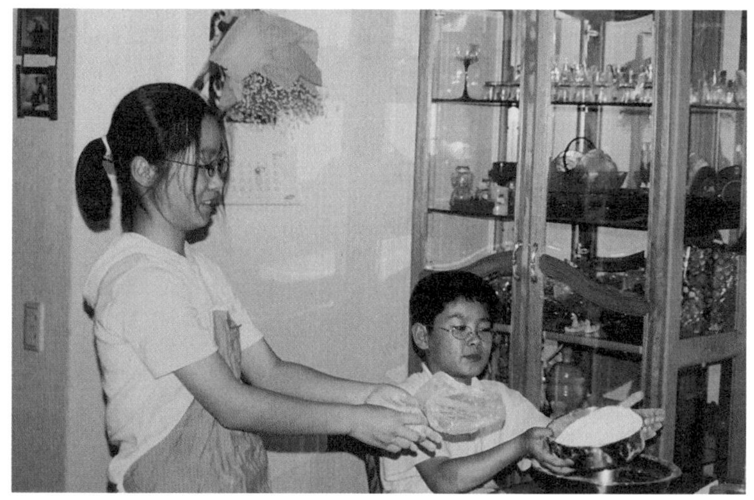

신봉리 주택에서 요리하는 아이들

새벽
수영하는 엄마

신봉리 그림 같은 전원주택 생활은 참 고단했다. 겉으로 보기엔 공기 좋고 사람다운 환경에서 살기에 좋아 보이지만, 아름다운 주택은 관리해야 유지된다. 관리하지 않으면 풀 속에 벌레가 끼고 지저분하기가 이루 말할 수 없다.

나는 고단한 성격이라 여름이면 일찍 일어나 잔디밭의 풀을 뽑았다. 바래기풀과 크로바를 구분하는 것은 식은 죽 먹기로 잔디풀 뽑기 선수가 되었다. 한 시간쯤 뽑으면 허리도 펼 겸 아침밥을 준비해서 먹고 아이들 태워 출근해야 했다. 적당히 했어도 되었을 걸 참 고단하게 살았다.

퍼뜩, 살림하고 일만 했지 나를 위해서 무엇을 하고 있는지 허탈해졌다. 나는 큰맘 먹고 나를 위해 새벽 수영을 하기로 했다. 수영장은 수지 읍내에 있었는데, 새벽에 눈 비비고 차를 몰아 수영장에 왔다가 다시 집에 가서 아침밥을 해 먹고 출근을 해야 하니 집안일이 쌓였다. 쌓인 일은 주말에 몰아서 했다. 힘이 들면 그만두면 될 걸 나는 건강을 위해 운동을 한다고 오기를 부리며 근 2년 수영을 했다. 젊은 기운으로 버텼으나 아침 바쁜 시간에 매일같이 오르내리는 운동은 오히려 몸을 상하게 할 수 있다는 생각이 늦게나마 들었다. 그 시간에 여유를 갖고 아이들 학교과제 하나 더 챙기는 것이 옳았을 텐데.

1년에 100원 오르는 용돈

아이들은 신봉리에 살면서 마을버스를 타고 수지초등학교에 다녔다. 아이들에게도 용돈이 필요했는데, 아이들과 의논하며 학년에 따라 하루에 100원씩 주급으로 받는 것으로 합의했다. 1학년은 하루에 100원, 2학년은 200원 이런 식 이었다. 큰 아이가 중학교 2학년이면 800원씩 7일이니까 주급으로 5,600원이고, 작은 아이는 6학년이니 4,200원이다.

용돈을 사용하는 방식은 두 녀석이 아주 달랐다. 작은 아이는 용돈을 받는 날이 다 쓰는 날이다. 친구들과 문방구에서 자기 용돈을 다 쓰고, 누나가 있는 중학교 대문에서 누나 나오기를 기다렸다. 누나가 더 받았으니 용돈을 달라는 건데, 누나는 징징거리면서도 동생에게 용돈을 나눠 주었다. 큰 아이는 어떻게 된 일인지 동생에게 용돈을 떼주고도 수중에 돈이 남아있었다. 알뜰한 녀석은 꼭 필요한 물건을 사며 수중의 돈을 계산하고 지낸 것이다. 같은 자식인데 둘은 다른 것이 참 많았다.

1년에 2번 학교에 가기

나는 아이들 학교에 자주 가지 못했다. 가려고 작정하면 못갈 것도 아닌데, 회사일 핑계로 학교에 가지 않았다. 학기 초에 담임 선생님이 소집하는 것과 학년 중에 한 번 더 가는 것을 목표로 했지만 어떤 해는 한번 간 적도 있다. 내가 못가는 때는 아빠가 가기도 했는데, 나는 못가면서 아빠는 갈 수 있다는 것인지 앞뒤가 잘 맞지 않는다. 지나가면 할 수 없는 것이고 인생에서 가장 중요한 내 아이들 일인데 왜 그랬는지, 회사 일 몇 시간 멈춰도 됐었는데 다 지나가고 나니 알게 된다.

지금은 회사도 좀 변하고 일 가정 양립 정책을 지원하고 있으니 아이들 보육 환경에 큰 변화다. 만일 아이와 회사 일로 고민을 하고 있다면 아이의 일에 비중을 더 두기를 권한다. 회사 일은 나중에도 만회할 수 있지만, 아이들 일은 지나가면 할 수 없는 일이기 때문이다. 어떤 해는 담임 선생님의 호출을 받고 학교에 간적도 있는데, 나의 마음에 위안을 주기 위해 두 번 학교 가기를 달성했다고 계산에 포함했다. 회사 일 핑계로 최소한으로 학교에 가려는 엄마의 얕은 꾀였다.

큰 아이가 스스로 계획을 세워 조금씩 전진하며 성취감을 맛보는 노력형 학생이라면, 작은 아이는 별로 공부하지 않아도 중간 성적은 유지되니까 공부하라면 그 시간만 노력하는 꽤 많은 아이였다. 당시 수지 지역은 고등학교를 시험을 치르고 입학하는 비평준화 지역이었는데, 작은 아이는 중간 정도 하는 고등학교에 진학해 반에서 중간 정도를 유지하며 가성비 있게 공부했다.

딸아이 고등학교 입학,
정신이 들다

가족들은 성남을 거쳐 의왕시까지 나를 따라 이사했다. 겨우 성남 생활에 익숙해지려 하는데 의왕 부시장으로 전근하여 이사해야 하니 가족들은 따라는 다니면서도 불만이 있었다. 그래도 의왕시 관사가 성남시 관사보다 조금 나중에 지어 깨끗한 편이었는데 학교까지 거리도 조금 가깝고 그걸로 만족했다.

내 직장은 관사에서 가까운 거리였다. 아침에 아이들 학교까지 데려다주어도 출근할 수 있어 다행이었다. 하교는 버스를 두 번 갈아타고 아이들끼리 했다. 그렇게 반년을 지내면서 고등학교 공부가 만만치 않은 딸애는 길에 버리는 시간이 아까운지 툴툴거렸다. 딸아이의 마음을 짐작하고도 남았다.

나는 늦었으나 아이들 학교 근처로 이사해야겠다고 남편과 의논했다. 결정했으니 신속히 수지로 이사하면 되었다. 아이들은 어린 시절을 보낸 학교 근처에 사는 것이 행복했다. 멀리 통학하지 않고 스스로 걷거나 버스 몇 정거장이면 오고 갈 수 있었기 때문이다. 똑똑한 딸애는 공부에 매진하면서 진로를 모색해 갔다.

남편의 출근 거리는 계속 만만하지 않았다. 신혼 때 살던 안양 관악아파트가 오히려 가까운 축에 속하고, 그 이후는 이사 다니는 곳마다 출퇴근 길이 멀었다. 새벽에 출근해서 밤이 늦어야 올 수 있고, 술이라도 마시는 날이면 택시기사까지 꺼리는 산속의 거주지 문제를 깊게 생각하지 못했다. 가족을 위해 불평을 묻어두고 이번에도 남편은 장거리 출퇴근을 해야했다.

아빠와 딸,
대학교 지원 배치표를 만들다

2008년 겨울, 작은 아이 대학입시가 시작되었다. 작은 아이는 고3 4월이 되서야 대학을 가야겠다는 말을 했다. 그동안은 "공부해라. 학원 안가니?"라고 잔소리를 해도 "대학이 왜 필요해요?" 라며 공부에 취미를 못 붙이고 있었는데, 웬일인지 제 입으로 대학에 가기 위해 공부하겠다고 선언한 것이다. 영어와 수학은 어느 정도 하고 있던 터라 암기과목에 집중해야 했지만 외우는 것은 시간이 필요한 일이었다. 남은 시간을 아끼며 입시 준비를 하였으나 수능시험 결과는 중간에서 약간 상위에 있어 치열한 분석과 눈치작전이 필요했다.

담임 선생님은 아이를 불러 중하위권 대학을 추천하면서 그것도 쉽지 않다고 입시지도를 하자 아이는 기가 죽어 말수가 더욱 줄었다. 아빠는 2년 전에 좋은 대학교에 들어간 딸애와 학원에서 나온 대학배치표를 보고 작은아이 맞춤형 대학배치표를 만들었다. 환상의 부녀 콤비는 담임 선생님이 떨어진다고 입학지원서 작성을 거부했던 두 학교에 모두 합격하는 결과를 만들어 냈다. 대단한 부녀조합이다. 엄마는 그때도 회사 일에 매달렸었나 보다.

서울대,
외형을 중시한 부모

딸애는 공부를 참 잘했다. 별로 손 갈 것도 없이 스스로 준비하고 공부하는 자립심까지 좋은 아이였다. 수능시험을 마치고 몇 군데 수시에 지원했으나 합격 소식을 듣지 못해 안타까웠는데, 정시까지 지원해서 합격하게 되었다.

처음 합격한 성대 약학과와 두 번째 합격한 서울대 농생명화학과를 두고 아이는 약대를 가겠다고 했고 나와 남편은 서울대를 선호했다. 고민하던 아이는 결국 부모의 뜻에 따라 서울대로 진학했다. 무엇을 공부할지 고민했던 아이의 생각보다 서울대라는 외형을 선호했던 것은 아닌지 아이의 미래에 부담을 준 것은 아닌지 걱정스럽다.

딸애는 결국 대학 4학년에 올라가면서 치의학전문대학에 진학해서 진로를 바꾸겠다고 선언했다. 아이는 결국 자신의 의지대로 치전을 나와 지금은 교정 전문 치과의사의 길을 걷고 있다. 치전을 졸업하고도 본격적인 의사가 되기까지 시간이 걸렸다. 서울에 있는 유명한 교정 전문 치과에서 3년을 더 배우며 일했는데, 아이는 퇴근해서도 교정 치료에 들어가는 철사를 초기 1년은 거의 매일 밤늦게까지 접었다. 고운 아이의 손에 굳은살이 생길 정도로 접었는데, 아이의 표현에 의하면 "환자의 이에 가져다 대면 척 붙는다" 할 정도로 솜씨 좋게 잘 접었다. 아빠는 피곤한 딸 뒷바라지 한다고 저녁이면 전철역으로 아이를 태우러 다녔다. 딸아이의 인생이 곱게 피기를 응원한다.

마흔 네 살,
엄마 품을 떠나다

내가 엄마 품을 떠나 사실상 독립한 것은 수정구청장 관사로 이사하던 2003년 44살 때이다. 엄마 집에 들어가서 산 것은 작은 아이를 낳을 무렵 2년 정도지만 나는 엄마 집 근처에 살며 아침에 아이들을 맡기고 다니거나, 좀 더 컸을 때는 집에서 지내는 것을 좋아하던 아이들을 둘러보기 위해 엄마가 집에 들락거려서 안심하고 일하곤 했다.

수정구청까지는 거리가 멀어서 관사로 입주하여야 했는데, 처음으로 엄마집 근처를 떠나 아이들을 데리고 이사하면서 과연 괜찮은 것인지 알 수 없었다. 게다가 아이들은 전철과 버스를 타고 성남에서 수지까지 통학하니 걱정이 이만저만이 아니었다. 그러나 아이들은 많이 자라 있었다. 혼자서 지하철 역 중에 가장 깊은 땅속에 있는 산성역 에스컬레이터를 탈 줄 알았고, 집으로 오는 길에 만화방에 들러 만화책을 수북이 빌려와 볼 줄도 알았다.

그렇게 나는 아이들의 자립심에 기대어 어머니로부터 독립했다. 그때부터 나는 엄마의 도움 없이 아이들과 별도의 생활을 할 수 있었다. 사실은 엄마의 도움이 남편과 아이들의 도움으로 바뀌어 가능했다는 걸 나중에 알게 되었다. 바깥일 하는 엄마, 아내를 만나 집안일까지 도와준 아이들과 남편에게 감사한다.

늦는 아빠,
야간 스키 타는 가족

남편은 신봉리에서 서소문에 있는 회사까지 멀리 일하러 다녔다. 아이들이 수지초등학교 3학년과 1학년에 다닐 때, 애들 아빠는 30대 후반으로 직장에서 한창 열정적으로 일하며 인정을 받아야 하는 시기였다. 젊은 나이였지만 애들 아빠는 일머리가 있고 매사에 열정적이라 간부들, 동료들 사이에서 인기가 있었다. 건설회사의 본사에서 전국에 퍼져 있는 현장에 대한 관리 업무를 하다 보니 야근도 많고 술자리도 많았다. 직장인들이 한창 조직에서 자리를 잡기 위해 몸부림하는 시기와 맞닥뜨려 이래저래 늦는 날이 많았다.

바쁘기는 동갑인 나도 직장생활을 하기에 마찬가지지만, 나는 집에서 챙겨야 할 일이 있는 주부이기도 했다. 나는 사무실에서 한눈을 파는 적이 거의 없다. 조금이라도 일찍 집으로 가야 아이들 저녁 먹이고 숙제도 봐주고, 집안일도 좀 쳐 낼 수 있기 때문이다. 행정감사나 의회 기간 등 물리적으로 일 량이 많을 때는 어쩔 수 없어 야근하고, 가끔은 직원들과 막걸리도 나누며 조직관리도 해야 하기에 늦는 날은 기다리는 아이들 생각에 애가 탔다. 딱 맞지는 않겠지만, 내가 늦는 날 남편이 일찍 퇴근하고 남편이 늦는 날 내가 일찍 퇴근해서 집안일을 챙길 수 있으면 좋겠다고 생각했다. 그러나, 장거리 출퇴근으로 지친 남편에게, 더구나 직장 일이 우선일 수밖에 없는 남자에게 퇴근 후 집안일을 부탁하기는 어려웠다. 남편에 대한 불만이 시작된 것이 아마 신봉리 생활을 할 때쯤이다. 엄마가 아이들을 돌보기 어려워지고 직장생활로 회사 내에서 나의 역할이 커지고 있는 것과 무관치 않다. 직장에서도 최선을 다해야 하지만 집에서도 힘든 날이 많아지며 나는 서서히 지치기 시작했다.

한창 스키 붐이 일던 때였는데, 아빠가 빠진 어느 휴일, 나는 아이들을 데리고 스키장으로 가서 난생처음 스키 부츠를 빌려 신고 스키 강습을 받았다. 아빠 없이도 잘 놀 수 있다는 오기에서 시작됐지만, 설원에서 미끄러져 내려오는 스키는 넘어져도 재미있었다. 아이들은 두어 시간 만에 혼자서 탈 수 있게 되었고, 겁 많은 나만 엉거주춤 다리를 벌리고 슬로프를 내려올 수 있게 되었다. 그 무렵 아빠는 계속 늦는 날이 많았다. 덕분에 우리 셋은 주중에 하루는 야간 스키라도 타러 가야 할 정도로 스키에 푹 빠졌다. 그날도 내가 운전하여 아이들과 야간 스키를 타러 가는 길이었다. 고속도로를 막 들어서는데, 조수석 창문이 올라오다 말고 중간에서 꺽꺽거리며 올라오지 않는 것이었다. 아무리 버튼을 눌러대도 유리가 비뚤어진 채 추운 밤 창문을 열고 달리는 풍경이라니 누가 봐도 이상할 거다. 우리는 이 상황에 추운 줄도 모르고 스키장에 도착할 때까지 배꼽을 잡고 웃었고, 돌아올 때는 더욱 신이 나서 큰 소리로 웃었다.

우리 집은 산자락에 있어 눈이라도 오면 대문 밖은 온통 하얀 세상이다. 스키슬로프를 닮은 산비탈을 보면 아이들은 스키를 신고 산으로 올라가 놀았다. 놀 거리가 별로 없는 산중 아이에게 산은 친구가 되어 주었다. 우리의 야간 스키는 남편과 함께하는 주말 스키로 바뀌었다. 남편이 시간을 내 우리 스키 안으로 들어온 것이다. 그해 우리는 서로 조금씩 가족을 위한 시간을 더 내기로 약속했다.

광교산 자락에서 자연설 스키타기

먼저 걸은 길, 함께 가는 길

먼저 걸은 길
함께 가는 길
국민에게 사랑받는 멋진공무원

먼저 걸은 길, 함께 가는 길

먼저 걸은 길

내가 기업을 나와 공직에 들어온 때는 88올림픽 전후 한창 국가 발전의 근간이 확장되는 시기였다. 회사에선 밤낮없이 노동자들이 일했고, 여성은 결혼하면 퇴사처리를 해도 대변해줄 사람이 없는 성장 위주의 사고가 지배적인 사회였다.

이 시기에 여성 기술직 공무원으로 시작하여 31년 8개월, 공공기관 2년 1개월을 몸담았으니 짧지 않은 세월이다. 특히 권위적인 공무원조직에서 처음엔 여성이라는 편견을 깨기 위해 남보다 한 발자국 더 움직여야 했고, 시간이 지나면서 지위가 두드러지기 시작할 땐 여러 유형의 견제에 더해 기술직이라는 편견을 지워야 하는 시간이 많았다. 더 나아가면, 여성도 기술직도 아닌 무한 경쟁의 무대에서 홀로 생각하고 버텨야 하는 시간도 많았다. 힘든 시간이 곳곳에 지뢰밭처럼 널려 있었지만, 나는 꽤 잘 헤쳐나가면서 나의 길을 마무리했다. 나에게 선배가 있고, 마음을 터놓고 이야기할 수 있는 동료가 있었다면 조금은 나의 생활이 수월하지 않았을까?

불행하게도 경기도에서 내 앞에 먼저 간 여성 공무원은 많지 않다. 내가 새내기 사무관으로 경기도에 왔을 때 의약 계장으로 있던 함송원 선배가 후배 왔다고 울이 되어 주었지만, 끝내 보건과장을 하지 못하고 퇴직했다. 여성 정책 부서에 여성 과장·국장도 있었으나 차례로 퇴직했다. 내가 실장이 되었을 땐 내가 후배들의 울타리가 되어야 했다.

누군가 "당신의 길은 어떤 길이었나요?"라고 묻는다면, 나는 "먼저 걸은 길이었어요~" 라고 대답할 것이다. 앞길을 개척하며 혹시 있을지 모르는 장애물이 단단한지, 아픈지, 해 볼 만 한 것인지, 뒤이어 오는 주자에게 알려주는 역할이었다. 그리고 엎어지지 않고 잘 완주해서 '이렇게 하면 잘 갈 수 있겠구나~' 라고 뒤에 오는 주자가 업그레이드하며 더 잘 갈 수 있기를 바라는 선배의 먼저 걸은 길이다.

내가 공공기관을 퇴임할 때 신문마다 나의 퇴임을 축하해 주었다. 내가 잘 살아왔다는 착각을 해도 될 정도로. 그중 한 기사는 제목을 "'경기도 유리 천장 브레이커' 이화순, 공직 떠난다"라고 보도했는데, 경기도에서 여성이 드물고 척박한 환경에서 일한 어느 선배의 일이었으니, 후배들도 양해해 주시리라 믿는다.

함께 가는 길

'내가 우주의 중심이고 나를 사랑한다' 이 주장은 내가 할 일을 잘하고, 남들도 나를 괜찮은 사람으로 평가하는 경우에는 문제가 없다. 문제는 내가 생각하는 정도를 감당하지 못하고, 남들도 비난하고, 무엇을 해도 잘 안되는 것 같은 막막한 경우다.

이럴 땐 선배로서 잠깐 멈춤을 권해본다. 그럴 때가 있다. 그건 대부분 자신의 평가에 인색해서 느끼는 경우가 있고, 실제 잘 안 풀리는 것도 있다. 그런데, 안된다고 짜증 내고 악을 쓰며 하는 일이 잘될 수 있을까? 오히려 묻어두고 잠을 자던지, 여행을 떠나 잊는 것이 도움이 된다.

나는 이럴 때 무작정 바다를 찾았다. 건축사사무실을 운영하는 김동훈 소장이 알려준 방법인데 한번 해보니 효과가 있다. 지금은 그렇게 화를 내거나 안달하는 일이 적지만, 공무원 과장 시절만 해도 아래·위 눈치 보며 안 풀리는 일이 한두 개가 아니다.

토요일 근무를 하던 시절, 점심을 일찌감치 먹고 혼자 차를 몰아 파도 소리 들려오는 동해바닷가에 앉으면, 내 안의 근심 걱정은 이미 사라진 후다. 바닷가 포장마차에서 마시는 뜨끈한 홍합 국물이 더해지면 돌아오는 차 안엔 흥얼거림이 넘친다. 라디오에서 흘러나오는 노랫소리도 친구가 되어 귀에 머문다.

다만 토요일에 연락도 없이 깜깜할 때까지 들어오지 않는 아내, 엄마를 이해할 수 있는 가족은 많지 않은 것이 문제다. 나는 아내로서, 엄마로서의 역할을 태만하게 하며 그렇게 나의 스트레스를 관리했다.

여러 가지 사랑이 있지만, 나에 대한 사랑은 그중 기본이다. 일이 잘 안될 경우도 있지만, 나를 믿고 지극히 사랑하면서 수시로 가꾸고 물도 주고 영양도 주며 기다리면 언젠가는 꽃이 핀다. 내가 믿지 않는 나를 누군가 믿고 사랑할 거라는 생각을 할 수 있을까?

나를 소중하게 생각하고 사랑하면 어떤 일도 해낼 수 있는 용기도 생긴다. 그러다 보면 내 안의 사랑이 넘쳐 옆 사람에게도 관심이 가고 그 옆 사람으로 옮겨갈 것이다. 시작해보자. "사랑해 너를! 내 안의 너를! " 그리고 나의 선배가 잘해 온 것에 더해 더 멋진 나의 길을 함께 가보자. 그래서 어느 훗날 나의 후배에게 그 길은 먼저 걸은 길이었다고 물려줘 보자.

동해 바다

국민에게 사랑받는 멋진 공무원

나는 나를 믿고 있을까? 사회가 발달하며 많은 사람이 나를 중심으로 생각하고 행동한다. 내가 있기에 가족이 있고, 사회가 있고, 국가가 있다고 생각하는 것이다. 모든 사고와 행동의 시작이 되는 나에 대한 믿음이 절대적이어야 하는 이유다. 그러나 사람들은 내가 할 수 있을까? 부족하지 않을까? 실수하면 어쩌지? 행동에 앞서 걱정하고 불안해한다. 걱정하고 불안해하면 내가 해내야 할 그 과제는 어떻게 될까? 준비를 잘했으니 나를 믿고 편안한 마음으로 일하는 사람이 앞에 놓인 과제를 더 잘 해낼 수 있을 것이다.

그러니 멋진 공무원이 되기 위해 이제부터는 일을 시작할 때 우선 나를 믿고 내가 잘 할 수 있도록 나를 조금 더 사랑해 보자.

두 번째는 철저히 준비하는 것이다. 무슨 일이든 충분히 훈련하고 준비한 선수가 자신감이 있고 두려워도 험한 파도를 넘을 수 있다. 며칠 후면 감사가 시작되는데, 내가 한 일을 뒤돌아보며 확인하고 준비를 해놓고 감사를 기다리는 사람과 그냥 적당히 우물거리며 감사를 기다리는 사람과는 차이가 날 수밖에 없다. 철저히 상황을 파악하고 준비하면 자신감이 생긴다. '공격하려면 공격해라!' 이런 사람은 내공이 생겨 웬만한 공격이 들어와도 막아낼 수 있게 된다. 시간이 지나면 간부 자리에 앉게 되는데, 철저히 준비하고 있는 상사가 우리 조직의 보스라면 더 믿음직하고 따를 것 같지 않은가?

준비는 단시간에 되지 않는다. 매 순간 최선을 다해 자기 역할을 하면 그것이 쌓이고 쌓여 내공이 되는 것이다. 대충해도 처음엔 잘 표시가 나지 않지만 철저한 준비로 오랜 시간을 다지면 어떤 일도 해낼 수 있다는 자신감이 생긴다.

세 번째는 함께 읽을 수 있는 악보를 만들면 지휘가 쉬워진다. 커다란 홀을 꽉 채운 음악당에서 오케스트라를 지휘한다고 해보자. 아마도 지휘자는 단원들과 훈련을 충분히 해서 악보를 처음부터 끝까지 외우고 있을 것이다. 어느 부분에서 강한지 약한지, 부드러운지 조용한지. 쉬어야 하는 대목인지 파악하지 못한 채 무대에 서 있는 지휘자라면, 악보에 밀려 단원들과 눈도 못 맞추고 불협화음에 그 시간이 고통스러울 것이다.

관리자가 되면 규모는 다르나 소속 직원이 생기고 함께 해야 하는 일이 생긴다. 우리 팀이 하는 일의 시작과 끝을 예상하며 전체 일의 진행이 어떻게 될지 파악해 우리 팀의 악보를 만들고 팀원들이 함께 읽을 수 있게 해야 한다. 더 아름다운 연주를 위해 적재적소에 인력을 투입하고 활력소를 넣으며 팀원들과 소통하면 그대가 바라는 것보다 훨씬 더 괜찮은 결과가 앞에 놓일 것이다.

네 번째는 진정성이 필요하다. 조직에서 일하다 보면 '이 사람 왜 이러지?' '신뢰할 수 있나?' '말하고 행동이 다른가?'라는 의문이 들 때가 있다. 함께하는 조직에 이런 사람이 하나만 있어도 팀플레이에 문제가 생긴다. 적당히 해도 된다고 생각하는 조직과 팀원 모두가 단합하여 열심히 하는 조직의 성과는 분명히 다르다. 혹시 내가 팀에 문제를 일으키고 있는 건 아닌지 살펴보고 진정성 있는 행동을 하기를 바란다. 진정성은 말로 하는 것이 아니라 행동으로 감지되는 것이다.

진정성이 느껴질 때 힘이 더해지고 높은 파고도 거뜬히 함께 넘을 수 있다. 같은 곳을 보고 있다고 느끼게 하고 같이 열심히 뛰는 것이 중요하다.

다섯째, 나의 생각 1%를 찾아 넣는 것이다. 첫 번째부터 네 번째까지 행동하고 있다면 이미 멋진 공무원으로 누군가가 이야기할 것이다. 기본을 갖춰 속이 꽉 찼기 때문이다.

음식을 만드는 예능프로를 보면 남이 보지 않을 때 뒤돌아서서 살짝 넣는 것이 있다. 주부들은 잘 사용하지 않는 만능비법 MSG다. 조금 넣었을 뿐인데 사람들은 맛있다고 음식 평을 한다. 그렇다고 멋진 공무원 되려고 이 MSG 1%를 치라는 이야기는 아니다. 2020년 대한민국의 공무원은 총 113만 5천 명이다. 이렇게 많으니 기본을 갖춘 사람도 아주 많을 것이다. 그렇다면 나의 생각 1%를 더해보자.

내 손에는 이미 인터넷이 들려져 있다. 언제고 마음만 먹으면 검색하고 확인할 환경이 갖춰져 있다. 그리고 찾아야 할 정보는 온라인상에 차고 넘치고 있다. 정성이 문제일 뿐이다

여섯째, 볼은 끝까지 보아야 들어간다. 어디서 많이 듣던 소리 아닌가? 볼을 다루는 운동경기에서 선수가 목적지를 향해 공을 냅다 찼는데 볼이 원하던 지점에 갔는지 살피지 않고 기분상 잘했다고 좋아할 수 있을까? 골프에서는 조금 다르기는 하다. 골프공을

칠 때 어느 방향으로 날아가는지 궁금해 머리를 드는 경우가 있는데, 이 경우 공은 목적지로 날아가지 못한다. 머리는 스윙이 끝날 때까지 땅에 놓인 공을 바라보고 있어야 멀리 원하는 방향으로 날아간다. 그렇더라도 스윙이 끝나면 볼이 어느 방향으로 날아가고 있는지 확인을 해야 다음에 칠 때 시행착오를 줄일 수 있다.

왕왕 일의 추진 방향을 정해 팀원에게 지시하고 자기는 다른 일에 몰두하기도 한다. 바쁘다 보니 각자 맡은 일을 하는 것이긴 하지만, 일이 생각한 대로 움직이는 경우는 많지 않다. 돌발변수도 있고, 팀원은 팀원대로 역량도 다르고 여건이 다르기 때문이다. 그래서 관리자는 특히 볼이 어디쯤 가고 있는지 관찰하고 있어야 한다. 방향을 미세조정 해야 할 때도 있고, 조금 더 밀거나 띄워야 할 때도 있다. 공을 끝까지 보며 함께 굴릴 때 공은 골문을 향해 들어갈 것이다.

일곱째, 일은 사람이 한다는 것을 잊지 않아야 한다. 일하다 보면 조직원의 역량이 파악되고 서로 다른 것을 알 수 있다. 언젠가 경기도에서 주택과장으로 일할 때의 일이다. 직원 중에 아주 부지런하고 예의도 바르고 성실한 직원이 있었다. 그 직원은 김포에서 수원으로 멀리 출퇴근하고 있었는데, 가장 먼저 출근하고 가장 늦게 퇴근하는 사람이기도 했다. 한번은 주택통계를 바탕으로 기획보고를 하도록 지시했는데, 여러 날이 지나도 답이 없다가 한참 만에 보고했다. 보고한 내용은 지시한 내용에 한참 못 미쳐 시간도 없는데 다시 만들어야 할 상황을 만들었다. 몇 번의 보완을 거쳐 완성은 했으나 지시한 사람도 지시를 받은 사람도 힘이 들었다. 이후에도 몇 번 과제를 주었으나 시간이 걸리고 맘에 들지 않는 보고서를 들고 서로 마음이 편치 않았다.

의논 끝에 직원들의 개별 업무를 조정했다. 과의 서무행정, 과간의 협의 조정 업무, 교육 업무처럼 정책기획 업무가 아닌 일을 맡게 했는데, 아주 잘 소화했고 본인도 의욕을 갖고 재미있게 추진했다. 사람마다 잘하는 분야가 다르고, 역량도 다른데 같은 기준으로 성과를 요구했다면 우리 둘은 계속 불만스럽게 생활을 해야 했을 것이다. 다행히 그 직원이 잘할 수 있는 일을 찾아 조정하고 결과를 보며 칭찬할 수 있었다.

여덟 번째, 배려한다. 많은 경우 개인마다 다른 여러 가지 여건으로 인해 조직 생활을 하며 힘들 때가 있다. 동료와의 관계, 상사와의 관계, 남성과 여성의 관계, 집안일 등 여러 가지 힘든 일이 발생한다.

동료가 힘들어하며 일에서 빠지면 내가 돋보여서 내게 도움이 될까? 그럴 수도 있다. 단거리 경주라면 탈락한 선수보다 먼저 테이프를 끊는 것이 중요하다. 그러나 공무원은 아주 오랫동안 함께 생활해야 할 마라톤 동료선수다. 중간에 넘어지거나 다치면 손을 내밀어 일으켜서 다시 뛰게 해야 서로 의지할 수 있고 힘이 덜 든다.

공무원 중에 자신이 여성이거나 남성인 것을 핸디캡으로 생각하는 사람이 있다. 여성이 아주 적었던 예전엔 여성이 홀대받는 일로 약점이라고 생각하긴 했으나, 2020년 공무원 통계자료를 보면 남성이 52%, 여성이 48%로 큰 차이가 없다. 분야별로는 소방이나 경찰은 남성이 월등히 많고, 교육공무원은 여성이 72%나 된다. 국가직 공무원 중 적은 부문이 관리직인데, 이것은 시간이 지나면서 자연스레 조정이 되어갈 것이다.

남성 여성을 탓하는 것보다 서로 잘 할 수 있는 것을 더 잘하는 것이 자신에게 도움이 된다. 창의성, 섬세함, 소통 면에서 보면 여성이 강점이기도 하다. 남성처럼 되려는 것보다 내가 가진 장점을 잘 찾아보는 것이 중요하다.

마지막으로 우리 민족의 반만년 역사 속에 흐르는 민족의 정신·문화를 소중히 하고 자신의 시원을 바로 하는 것이 필요하다. 우리의 문화는 이미 사람들의 마음에 녹아 있다. 살아오며 부모와 조상으로부터 몸으로 전달되어온 덕이다. 이러한 민족의 얼과 문화를 소중히 여기며 민족의 미래를 위한 행정을 하는 사람의 행정은 단순히 행정을 하는 사람과 근본이 다르게 된다. 우리의 멋진 선배인 다산 정약용 선생의 「목민심서」에 이런 글이 있다.

"무릇 벼슬살이란 국민이 위임한 공권력을 국리민복을 위해 대리 행사하는 자리다. 관직은 영원히 소유할 대상이 아니다. 구한다고 해서 뜻대로 얻어지는 자리도 아니다. 주인인 백성의 뜻에 따라 임시 관리하는 자리에 불과하다. 공직자의 마음가짐이 이와 같아야 그 자신은 물론 나라가 평안하다"

우리 선배가 가졌던 마음가짐을 바탕으로 우리 민족의 밝은 미래를 위해 일하는 참 공복이 되어보자.

<부록>
언론에 비친
내모습
NEWS

여기에 수록한 자료는 인터뷰나 취재를 통해 언론에 보도된 내용입니다. 여러 부서·기관에서 일했고 보도된 내용이 많으나 대표적인 것을 모아 제가 어떤 일을 하며 살았는지 이해하는 데 도움이 될까 싶어 수록했습니다.

인천일보(2022. 2. 27, http://www.incheonilbo.com)

서비스원장직 중도사퇴
경기도 산하기관장 공석 10곳으로

최남춘 기자

이화순 경기도 사회서비스원/인천일보 DB

경기도사회서비스원 이화순 초대 원장이 28일 퇴임식을 갖고 물러난다. 27일 사회서비스원에 따르면 2020년 1월29일 임명된 이 원장은 최근 오병권 도지사 권한대행에게 사의를 밝혔고, 임기 3년(2023년 1월28일)을 채우지 못하고 중도사퇴하기로 했다.

사퇴 이유는 대학 강단에 서기 위한 것으로, 지방선거 출마 등을 이유로 사퇴한 다른 도 산하 공공기관장들의 경우와는 다른 것으로 전해졌다. 충북 보은 출신인 이 원장은 제23회 기술고시에 합격해 1988년 공직에 입문한 뒤 경기도에서 잔뼈가 굵은 행정전문가다. 화성시와 의왕시 부시장을 지냈으며 2017년 황해경제자유구역청장 및 2019년 경기도 행정2부지사를 역임했다.

맡는 직책마다 '경기도 최초 여성' 기록을 써나간 이 원장은 조직 운영에 있어 탁월한 리더십을 선보인 만능 행정인으로 평가받았다. 이 원장의 사퇴로 수장이 공석인 도 산하 공공기관은 경기주택도시공사(GH), 경기관광공사, 경기평택항만공사, 경기교통공사, 경기연구원, 경기테크노파크, 경기도수원월드컵경기장관리재단, 경기아트센터, 경기복지재단까지 총 10곳으로 늘었다. 이재명 전 경기지사의 대선 출마와 맞물려 이들 기관의 '수장 공석' 상태도 장기화하고 있다. 최대 산하기관인 GH의 경우 이헌욱 전 사장이 지난해 11월 임기를 3개월 앞두고 사퇴한 데 이어 지난 14일에는 안태준 부사장도 그만두며 정관상 서열 3위인 경영기획본부장이 사장 직무를 대행하고 있다.

특히 차기 도지사를 선출하는 지방선거(6월1일)가 아직도 남아있어 이들 기관의 수장 공백은 당분간 계속될 것으로 보인다. 사회서비스원 관계자는 "강단에 서기 위해 사퇴하는 것으로 알고 있다. 후임자 선정을 위한 채용계획은 미정”이라고 말했다.

한편 2020년 1월 사회서비스 공공성 강화와 민간시설, 유관기관에 대한 교육, 운영 지원 등을 목표로 설립된 사회서비스원은 사회복지 종사자의 고용 안정화를 통한 사회서비스 질 제고, 민간 사회복지시설 지원을 통한 시설의 역량 강화, 체계적인 생애돌봄서비스 제공 등을 수행하는 사회서비스 ‘컨트롤타워' 역할을 수행하고 있다.

경기일보(2022. 2. 13 , www.kyeonggi.com)

"공공서비스 강화…
경기도형 돌봄 체감온도 높일 것"

<경기인터뷰> 이화순 경기도사회서비스원 원장

대담=최원재 정치부장·정리=이광희기자·사진=윤원규기자

이화순 경기도사회서비스원장은 지난해 제정된 '사회서비스 지원 및 사회서비스원 설립 운영에 관한 법률'(이하 사회서비스원법) 시행(3월25일)에 발맞춘 공공돌봄서비스 강화로 도민들이 체감할 수 있는 돌봄 온도를 높이겠다고 약속했다. 2020년 2월 초대 경기도사회서비스원장으로 취임해 제반 조직·시스템 구축을 통해 영유아부터 노인까지 전 생애 돌봄서비스의 기본 토대를 마련한 이화순 원장으로부터 급변하는 시대 변화에 대처하는 경기도형 돌봄체계에 대한 비전을 들어봤다.

Q 경기도사회서비스원이 창립 2주년을 맞이했다. 초대 원장으로 느낀 소회를 전해달라.

A 돌이켜보면 정신없는 순간들이었지만 매년 한 단계 더 성장하고 있다고 생각한다. 설립 첫해에는 신규 공공기관으로서 제반 조직·규정 등 시스템을 만들고 기관의 설립 목적인 공공사회서비스 사업을 신규로 수

탁받아 정상적으로 해내는 데 주력했다. 이듬해인 지난해에는 수탁받은 22개의 소속시설을 안정적으로 운영하고자 노력했다. 아울러 기관의 조직진단 및 중장기 인력관리 계획, 고객만족(CS)경영 중장기 계획 수립, 윤리·인권 경영체계 구축, 중장기 발전방안 연구 등을 진행하며 '경기도민의 행복한 돌봄기본권 실현'을 위해 노력했다.

이 같은 노력에 힘입어 지난해 '보건복지부 업무평가'에서 경기도사회서비스원은 'A 등급'을 획득하며 지역 내 공공사회서비스 제공 주체로 확실히 자리매김했다. 향후 대상자를 중심으로 소속 공공센터 간 서비스 연계 강화, 서비스 및 일자리 질 향상 등 서비스 공공성 제고를 위한 노력에 더욱 매진할 방침이다.

Q 긴급돌봄인력 지원 등 코로나19 대응시스템 마련이 좋은 평가를 받았는데.

A 코로나19 확산 상황에서 출범한 경기도사회서비스원은 경기도민의 혼란을 최소화하고자 코호트격리시설을 중심으로 코로나19 긴급돌봄을 선제적으로 도입했다. 또 지난해에는 긴급돌봄지원단을 확대 개편해 '가정 내 돌봄서비스 중단문제'까지 대응하는 공공 긴급돌봄을 시행하고 있다. 현재까지 176명의 돌봄 인력을 파견해 도민들의 돌봄공백을 메

우고 있는데, 이는 전국의 20%를 차지하는 수치다. 아울러 노인서비스 강화에도 힘썼다. 남양주, 부천 종합재가센터를 통해 장기요양서비스와 각 지역 특성에 맞는 긴급틈새돌봄, 지역특화사업을 진행했다. 특히 24시간 노인의 전화상담, 중장년 마음돌봄상담, 노인 성인식 개선사업을 통해 어르신께 실질적인 도움을 주고자 노력했다.

중장년층을 위해서는 마음돌봄 전화상담을 개설했다. 코로나19로 인한 상실감, 실패, 고독, 대인관계의 어려움을 겪는 중장년들을 위해 전화상담을 진행하고 찾아가는 마음특강, 직무교육 특강, 집단상담, 마음돌봄 등 서비스를 제공했다. 특히 중장년 상담은 16회까지 심층상담을 지원하는데 작년 5개월(7~12월) 동안 무려 2천260건의 상담을 기록하며 폭발적인 반응을 이끌었다.

Q 올해 새롭게 시작하는 신규사업을 소개해달라.

A 종합재가센터 기능확장 및 사업활성화를 위한 돌봄 특화사업인 '(가칭)경기도지역통합 돌봄센터' 운영을 계획 중에 있다. 현재 진행되고 있는 장기요양사업 등 선별적 대상 기준을 보완해 긴급 틈새돌봄 중심으로 확장하는 것이 핵심이다. 지역 내 사회적 경제센터와 의료적 협동조합, 간호사, 정신보건사회복지 등과 서비스를 연계해 위기대상자를 전문적으로 케

어하는 것을 목표로 하고 있다.

아울러 경기도형 노인 맞춤 돌봄서비스 제공을 위해 노인맞춤돌봄서비스·응급안전안심서비스 수행기관의 서비스 품질 향상과 안정적인 운영지원을 목적으로 한 '(가칭)노인돌봄지원센터 설립도 진행 중이다. 영유아 관련해서는 사회서비스원 국공립어린이집 품질 개선 사업으로 영유아 선별검사를 통해 심리 정서문제를 조기에 발견할 수 있는 지원 사업을 진행할 방침이다. 또 소속 어린이집에 대한 전문가 컨설팅을 실시해 보육의 질을 더욱 향상시키고, 종사자·학부모를 대상으로 '우리아이 맞춤 컨설팅'을 진행해 사례별 대처방안 코칭 및 컨설팅도 계획하고 있다.

Q 돌봄종사자의 근무환경 개선 등을 이루는 기관의 중장기 비전은.

A 돌봄종사자의 근무환경 개선을 통해 양질의 공공돌봄 서비스를 제공하는 것은 서비스원의 설립배경이기도 하다. 그만큼 매우 중요한 요인으로 꼽고 있으며 다방면으로 노력하고 있다. 그동안 돌봄 현장의 최일선에서 어르신을 케어했던 요양보호사들이 시간제 근무형태로 고용돼 '종사자 고용안정을 통한 양질의 돌봄제공'이라는 기관 설립 목적에 부합하지 않는 면이 있었다. 이에 지난해 8월 노사간의 협의를 통해 남양주, 부천 종합재가센터의 노인 돌봄인력 20명을 정규직 요양보호사로 채용했다.

이화순 경기도사회서비스원 원장이 창립 2주년을 맞이한
경기도사회서비스원의 성과와 미래 변화에 대처하는 경기도형
돌봄체계 비전에 대해 설명하고 있다. 윤원규기자

아울러 종사자의 역량강화 및 권익보호를 위해 작년 5월 경기도장기요양요원지원센터를 개소했다. 또 노인돌봄종사자(요양보호사, 사회복지사 등)를 대상으로 전문교육, 권익보호, 사회적 인식개선, 돌봄 현장 네트워크 구축 등 처우개선과 권리증진을 위한 소통 창구를 마련하기도 했다. 여기에 더해 매년 정규직 비율 10% 이상 향상을 목표로 노력하고 있다. 2021년에는 정규직 목표 46.5% 대비 49.9%로 향상시켰으며, 올해

도 정규직 비율 향상을 통한 고용안정을 추구하고 있다. 올해는 기간제 대체인력을 정규직으로 고용하는 것을 추진 중이다.

Q 경기도 공공기관 이전에 따라 여주시로 가게 됐는데 현재 진행상황은.

A 지역 균형발전 도모를 위해 올해 7월 여주시로 이전한다. 여주시는 현재 이전 일정에 맞춰 공사를 진행 중이며, 경기도사회서비스원은 이전에 따른 직원 이사비용 및 주거 이전비(정착지원금)를 지원하고 한시적 셔틀버스 운영하는 등 대책을 경기도와 협의하고 있다. 여주시 이전에 따라 직원들의 어려움도 많을 것으로 예상한다. 직원들의 불편을 최소화할 수 있도록 지원대책을 마련해 직원들과 도민들의 불편함이 생기지 않도록 적극 노력하겠다.

Q 도민들에게 전하고 싶은 말은.

A 올해 경기도사회서비스원은 '경기도민이 필요로 할 때 기댈 수 있는 든든한 돌봄기관'에서 한 단계 업그레이드 된 질적 성장을 목표로 하고 있다. 맞벌이 등으로 돌봄이 필요한 가정에 도움을 줘 일가정양립을 이룰 수 있는 기관으로 기억되고자 한다. 경기도사회서비스원은 다가올 지방선거를 통해 구성될 민선 8기 경기도의 정책변화에 발맞춰 경기도 31개 시·

군과 함께 돌봄 전달체계를 균형 있게 구축하려 한다. 앞으로 지속적으로 성장할 경기도사회서비스원을 향한 격려와 응원을 부탁드린다.

중부일보(2019. 4. 25 , www.joongboo.com)

[인터뷰] 취임 100일 맞은 이화순 경기도 행정2부지사 "균형발전 확대"

'여성 최초'

대담 엄득호 경기북부본사 편집국장
정리 조윤성·황영민기자

지난 1월 15일 취임한 이화순 경기도 행정2부지사를 따라다니는 타이틀이다. 사실 '여성 최초'는 이화순 부지사에게 그리 달가운 수식어가 아니다. 경기도 도시주택실장과 국토교통부 기술안전정책관을 거쳐 도정기획을 총괄하는 도 기획조정실장에 발탁됐을 때도 지금과 같이 여성을 우대하는 공직사회 분위기는 만들어지지 않았다.

두꺼웠던 유리천장을 깨고 고위직에 오른 것은 오로지 이 부지사의 '실력'에서 비롯됐다. '특별한 희생에는 특별한 보상'을 강조한 이재명 경기도지사의 민선 7기 경기도에서 첫 번째 행정2부지사로 기용된 것도 이 같은 까닭에서일터.

평화시대를 열어가는 경기북부지역 행정과 경기도 경제정책을 총괄하는 자리가 바로 행정2부지사이기 때문이다. 24일 취임 100일을 맞는 이화순 부지사를 만나 이야기를 나눴다.

- 민선 7기에서 처음 발탁된 행정2부지사다. 명예와 동시에 책임감도 무거울 것 같다.

"임용신고 한 지 엊그제 같은데, 벌써 취임 100일을 맞았다. 한반도 평화의 바람 속에 변화와 발전이 진행 중인 경기북부에서 일할 수 있는 기회를 주신 도민 여러분께 감사드린다. 저는 행정2부지사로서 그간의 다양한 경험을 살려 민선 7기 경기도가 추구하는 공정, 평화, 복지의 3대 가치를 바탕으로 '새로운 경기, 공정한 세상'을 만드는데 힘을 보태겠다. 그리고 국가안보 등 특별한 희생을 감내하며 살아오신 경기북부 도민들의 삶의 질이 더 나아지고 사회 인프라 개선, 문화복지 확대 등에도 힘쓰겠다. 특히 공정 경쟁의 새로운 질서를 확립해, 일자리가 더 창출되도록 하고, 기업 규제 개선을 통해 지역경제가 활성화되도록 하겠다."

- 평소 행정철학이 궁금하다.

"행정의 철학이라기 보다는 평소 행정의 방향으로 몇 가지를 갖고 있다. 우선 '현장에 답이 있다'고 생각하고 도민들의 어려움이 무엇인지 현장행정을 통해 꼼꼼히 들여다보고 귀를 기울고 있다. 두 번째는 소통이다. 공직자들, 경기도의회, 시군, 더 나아가 전문가, 유관기관, 도민들과도 적극 소통해 나가겠다. 경기북부 시·군 현장 의견청취와 우수현장 공감 간담회 등을 통해 시군과의 소통을 넓혀나가고, 경기도의회와도 그동안 지역적으로 떨어져 있으면서 소원했던 관계를 복원하고 진심을 다해 적극적으로 소통해 사전 협치 행정을 추진해 나가겠다. 세 번째는 공감행정이다. 상대방의 말을 경청하고 상대의 입장에서도 고민하고 함께 노력하고 공감할 수 있게 진심을 다하려 한다."

- 민선7기 경제 활성화 정책 및 일자리 창출 전략은 무엇인가.

"민선7기 경기도는 올해 '공정경제의 기틀 위에 지속가능한 혁신성장'을 목표로 공정경제, 민생경제, 혁신경제, 사회적경제, 평화경제 등 5개 분야 88개 과제가 담긴 경제활성화 정책을 추진 중이다. 그 일환으로 지난해 '민선7기 일자리창출 종합계획' 및 '2019년 경기도 경제 활성화 정책 추진계획' 발표한 바 있다. 올해는 '혁신이 넘치는 공장한 경제'를 위해 2022년까지 9천억 원을 투입, 18만7천개 업체를 지원해 6만4천개 일자리를 창출할 것으로 기대하는 '민선7기 중소기업 종합지원 대책(2019년 2월 21일)'을 직접 발표하기도 했다. 이러한 정책의 집행력을 높이기 위해 경제·일자리 정책 콘트롤 타워로 '경기도 경제활성화 추진단'과 '새로운 경기 일자리 대책본부', '경기도 기업지원 대책본부'를 출범시켜 시군·공공기관 등 관련 주체들과 함께 추진 과제를 점검하고 조정해 나가고 있다."

- 최근 경기지역화폐에 대한 도민의 관심이 높아지고 있다.

"경기도는 소상공인·자영업자 등 지역경제 활성화를 위해 올해 4천961억 규모의 경기지역화폐를 발행한다. 또 지역화폐의 성공적인 안착 유도와 운영을 위하여 경기시장상권진흥원 설립을 진행하고 있다. 올해는 첫 발행하는 해이기에 지역화폐가 잘 안착이 되고 성공적으로 골목에 스며들 수 있도록 섬세하게 들여다 볼 계획이다. 지역화폐는 경제의 선순환적 역할을 할 것으로 기대받고 있다. 예를 들면 10만 원을 충전하면 6%를 추가적립해주기에 실질 가계경제에도 보탬이 된다. 또 골목상권에서만 사용할 수 있기에 소비가 촉진되는 효과를 거둘 수 있어 결국 세수 증대로 이어질 것으로 예상한다."

- 경기북부 주요 현안은 무엇이라 생각하는가.

“먼저 교통을 포함한 문화·복지 등 인프라 확충이 이뤄져야 한다. 현재 경기북부를 분리해서 볼 때 도로보급률은 광역자치단체 중 최하위로, 특히 철도가 미비한 실정이다. 또 문화시설이나 의료·복지시설 등 각종 인프라가 상대적으로 부족하다. 이에 도는 지방도 예산의 60%를 동·북부에 지속 투자하고, 수도권 제2순환고속도로와 GTX-A노선 사업들이 순조롭게 진행될 수 있도록 관심을 기울이고 있다.

최근에는 동북부 도민들의 숙원사업인 도봉산포천선(옥정~포천)이 정부 예타 면제 대상에 포함된 만큼, 조속히 사업을 진행하도록 하겠다. 특히 철도와 도로, 교통이 따로 분리될 수 없는 만큼, 통합적 행정 시스템을 운영해 SOC 시너지 효과를 극대화 하려 한다. 기존 SOC와의 연계성 및 지역 여건을 고려해 SOC 투자가 기업유치 및 일자리 창출로 이어지고, 문화 인프라, 주거복지 등 실제 도민 생활의 인프라 개선으로 나타나도록 노력하겠다. 북부 도민의 삶의 질 증진을 위한 균형발전 확대 추진도 시급하다. 도는 가평, 연천, 동두천 등 북동부 6개 시·군을 대상으로 추진한 1차 균형발전사업(2015~2019)에 이어, 2차 계획(2020~2024)에서는 1차보다 약 1천억 원을 확대한 4천123억 원을 투입해 문화·체육·도로 등 균형발전 사업을 수립하고 있다. 경기북부는 남북관계 개선에 따라 다양한 분야에서 북한과의 상생협력이 가능한 최적의 요충지다. 경의축과 경원축에 통일경제특구를 조성해 환황해 경제벨트, 접경지역 평화벨트와 연계해 경기북부를 한반도를 넘어 동북아 경제벨트의 거점으로 활용되도록 하겠다."

- 최근 정부의 예비타당성 조사 개편으로 경기북부 접경지역들이 비수도권 기준을 적용받게 됐다. 이에 대한 기대효과는.

"기재부가 지난 4월 3일 발표한 예비타당성조사 제도 개선방안에 경기도 건의 사항이 대폭 반영됐다. 접경지역의 경우, 종합평가 시 지역균형발전 항목이 가감점제에서 가점제로 개선돼 철도·도로 예타 조사에 긍정적으로 작용할 것으로 보인다. 개선 이전에는 연천군을 제외한 시군은 지역 낙후도에서 불합리한 감점을 받아왔다. 실제 16개 광역시·도 중 지역낙후도는 경기도가 4위이며, 170개 시·군·구 중에 파주시는 30위, 양주시 38위, 포천시 54위, 동두천시 78위, 연천군 107위 등 하위권에 머물고 있다. 아울러 KDI의 소수 전문가가 평가하는 방식에서 더 많은 평가위원이 참여하는 재정사업평가위원회가 평가하는 것으로 변경돼, 철도 및 도로사업의 예타 조사 통과에 유리할 것으로 판단된다. 또한 수도권과 비수도권에 대한 평가항목 비중을 달리 하고, 수도권 이더라도 접경도서나 농·산·어촌은 비수도권으로 분류해 평가를 받을 수 있는 길도 함께 열렸다. 이번 제도 개선을 계기로 정부 예타 면제 사업에 포함돼지 않았던 신분당선연장선 사업도 예타 조사가 조속히 통과되도록 최선을 다하겠다."

- 도민들께 전하고 싶은 말은

"경제가 많이 어렵다. 내수침체, 수출감소, 일자리 감소 등 여러 면에서 어려움이 있지만, 대한민국 경제의 24%(전국 1위)를 차지하고 있는 경기도의 경제정책을 보다 꼼꼼히 점검해 도민들의 어려움을 함께 개선해 나가도록 하겠다. 함께 경기도의 경제정책에 참여하고 혜택을 함께 나눌 수 있기를 기대하고 있다. 경기북부지역 행정에 있어서는 그동안 국가를 위해 힘든 과정을 묵묵히 감내해온 도민들과 함께 하겠다. 민선 7기 경기도가 추진하는 다양한 정책과 사업들에 도민들의 의지와 염원이 반영될 수 있도록 보다 적극적인 참여와 조언을 당부 드린다."

경기신문(2018. 4. 22 , https://www.kgnews.co.kr)

"황해경제자유구역에서 바다 실크로드 시작한다"

황해경제구역청의 비전 수도권 인근 평택항 중심으로 포승·현덕지구로 구성돼 있어 주변엔 삼성·LG전자 기업 포진 글로벌 진출기지로 큰 장점 보유, 평택항, 63개 전용부두 운영 대형 선박 접안 능력도 갖춰

김장선·최준석 기자

"황해경제자유구역의 지리적 여건과 성장 잠재력을 바탕으로 '환 황해권 국제 비즈니스 플랫폼 조성'을 목표로 모든 역량을 발휘하겠습니다."

이화순(57) 황해경제자유구역청(이하 '청') 청장은 22일 본사와의 인터뷰에서 이같은 비전을 밝혔다. 현재, 동북아시아는 EU, NAFTA와 함께 세계 3대 경제권으로 부상했다. 대한민국의 수도권에 위치한 황해경제자유구역(YESFEZ)은 동북아시아의 허브로서 세계 최고수준의 기업환경과 생활환경이 조성될 것으로 기대를 모으고 있다.

황해경제자유구역은 환 황해권의 중앙에 위치한 평택항을 중심으로 경기도 평택에 위치한 2개 지구(포승, 현덕)로 구성돼 있으며, 최첨단 산업 중심지로 개발되고 있다. 황해청은 경기 평택항 일대에 조성하고 있는 '황해경제자유구역의 원활한 조성을 지원'하기 위해 '경제자유구역의

지정 및 운영에 관한 특별법' 제27조의 2(경제자유구역 행정기구)에 따라 설치된 경기도의 행정기관이다.

청 인근에는 삼성전자, 현대·기아자동차, LG전자 등 대표적인 대기업과 관련 클러스터 사업이 발달해 있어 왕성한 기업 활동이 이뤄지고 있고, 대중국 교역과 물류에 유리하며 한·중 FTA 수혜지로 글로벌 기업의 진출기지로 큰 장점을 가지고 있는 지역으로 평가된다.

현재, 평택항은 철재, 자동차, 시멘트, 야곡, 액체 등 63개 전용부두를 운영 중이며, 평택만은 수심이 14m를 유지하기 때문에 인천항에 비해 평균 15만 톤급을 비롯한 대형 선박 접안 능력을 보유하고 있다.

입지여건으로는 포승·현덕지구의 10km 반경 내 기아, 현대, 쌍용차 등 완성차 중심의 자동차 클러스터 형성 인근 자동차 관련 부품공장은 종업원 수 30인 이상 기준 총 700개 기업 집적 산업시설과 인구가 포화상태인 수도권의 대안지역으로 국내 8개 경제자유구역 산업 인프라가 발달해 있다. 평택BIX는 204만㎡(62만 평) 부지에 기업지원센터, 근로자건강센터, 어린이집 등의 공공시설 자동차부품, 전자, 기계, 화학제품등의 물류·산업시설 비즈니스호텔, 판매시설 등의 상업시설 단독주택, 공동주택(아파트), 따복하우스(임대주택) 등의 주거·지원 시설 등이 들어서며 지난해 10월 분양을 시작했다.

평택BIX 분양가는 조성원가에 공급하도록 돼 있으며, 3.3㎡당 평균 167만 원 정도이다. 청은 산업용지는 조성원가보다 약간 더 싸게 공급될 것이고, 물류시설 용지는 조성원가에 5% 정도를 붙인 171만원 선에서 공급할 수 있을 것으로 보고 있다고 밝혔다. 현덕지구는 232만㎡(70만평) 규모로 아울렛, 건축자재판매, 면세점 등의 유통시설 호텔, 업무시설, 지식산업센터 등의 상업·업무 시설 관광휴양시설, 메디컬센터 등의 관광·의료 시설 단독주택, 공동주택9아파트), 근린생활시설, 국제학교 등의 주거· 지원 시설 등으로 개발을 추진하고 있다.

외국인 투자 기업 9개사와 18억7천만달러 MOU "2017년부터 외투 유치 질적으로 개선"

부지조성공사 기본·실시설계 등 현덕지구 현재 60% 공정완료

앵커 기업 중심 유치 23곳과 3억6,450만 달러 MOU

지식창조형 경제특구조성 계획

- 현재까지 황해경제자유구역 투자유치 현황 및 외국 회사들의 투자 유치 현황

현재까지 24개사(국내 15, 외투9)와 20억 8,450만불 MOU 체결, FDI 5억불 신고 / FDI 2,270만불 도착 / LOI 7,700만불 접수 / 가계약 2개사, 본계약 1개사 등 투자유치 실적을 높였다. 이중, 외국인 투자 기업 9개사와 18억 7000만불 MOU 체결, FDI 5억불 신고, FDI 2,270만불 도착, LOI 7,700만불 접수하였다.

2016년까지는 국내기업을 위주로 이루어져 외국인 투자유치를 통한 경제 활성화라는 경제자유구역의 설립 취지와는 다소 어울리지 않았으나, 2017년 이후부터는 외투기업 중심으로 투자유치가 이루어져 질적으로 개선됐다. 특히, 시진핑 중국 국가주석이 역점사업으로 추진하고 있는 일대일로 사업의 국제민간기구인 SICO와 동북아센터 유치를 위한 협약을 체결하여 평택항을 실크로드의 시발점이 될 수 있도록 초석을 쌓아

향후 평택항을 중심으로 황해경제자유구역이 환 황해권 물류 중심지로 부상할 수 있는 기반을 마련했다.

- 현재 현덕지구의 사업 추진상황은 어떻게 진행되고 있는지.

2017년 사업성 향상 등을 위한 개발계획변경 2회 및 같은 해 7월 광역교통개선대책 국토부 변경 승인으로 부지조성공사 기본 및 실시설계를 60% 완료했다. 또 평택항, 항만배후단지 주변 개발사업과 공간구조 및 기능을 연계해 상업·유통 등 지역 활성화를 위한 특화된 공간으로 조성, 경쟁력 있는 공간을 창출할 예정이다. 현재, 사업비 마련을 위한 금융기관 PF 5천억원 결성이 마무리 단계이며 올해 6월 말까지 PF를 완료하고 토지보상을 거쳐 하반기 중 부지조성공사를 착공할 계획이다.

- 평택BIX에 어떤 기업들이 투자 의향을 밝혀왔으며 투자유치 현황은.

현덕지구 조감도

평택BIX는 자동차, 반도체 및 기계 등의 산업과 물류 중심 부지로 국내 산업 각 분야에 파급력을 미칠 수 있는 앵커 기업을 중심으로 투자유치를 추진하고 있으며 지금까지 23개사와 3억6천450만 달러의 MOU를 체결했다. 특히, 지난해부터 7개사, 7천100만 달러의 MOU가 체결되는 등 많은 기업들이 올해 하반기 분양을 앞둔 평택 BIX에 많은 관심을 갖고 있다. 이와함께 잠재적 투자의사가 있는 여러 기업들과의 지속적인 네트워킹 및 투자유치 노력을 기울이고 있어 앞으로 추가적인 투자유치가 있을것으로 보여진다.

- '2018 외국인 투자유치 프로젝트 상품화 지원 사업'에 선정 됐는데 어떤 사업인지.

상품화 지원사업은 한국의 중점육성사업을 대상으로 가장 외국인투자유치 가능성이 높은 프로젝트를 선발해 코트라 등 외국인투자유치전

문기관의 집중 지원으로 투자유치의 성공사례를 만드는 사업이다. 이번 지원 사업은 산업통상자원부가 전국 지자체와 경제자유구역청을 대상으로 공개 모집했으며 지난 3월 모두 8개 기관이 제안서를 제출했다. 결국, 선정위원회가 청을 최종 선정, 이에 따라 청은 모두 1억 4천만 원의 국비와 코트라 전문 산업인력의 밀착지원을 받게 됐다. 청은 이번 지원 사업을 통해 평택BIX를 지식 창조형 경제특구로 조성해 연말까지 자동차, 전자 화학 업종과 융합된 4차 산업 기반기술 40개 업체를 발굴하여 유치할 예정이다.

경인일보 (2017.3. 15 , http://www.kyeongin.com)

[인터뷰… 공감]"내가 처음 찍은 발자국, 여성 후배들에 디딤돌 되기를"

"젊은 女직원이라는 이유로 첫 직장 '감원 1호' 이후 동료 권유로 공직입문 29년 몸담아

주민과 더불어 살던 구청장 시절 가장 기억에 남아… '내가 이래서 공무원이 됐지' 생각

MOU 체결 기업 관계자들과 소그룹 간담회 계획 등 실제 투자로 이어질 수 있게 노력"

글/강기정기자, 사진/임열수기자 경인일보

그의 걸음은 늘 처음이었다. 경기도 최초의 여성 기술감사계장, 성남수정구청장, 도시주택실장, 기획조정실장, 의왕부시장, 화성부시장, 의회사무처장까지. 그리고 이달 초 경기도 여성 공직자로는 처음으로 1급 공무원이 되면서 또 다시 의미있는 족적을 남기게 됐다.

이화순 경기도 황해경제자유구역청장의 얘기다. 황해경제자유구역청장직 역시 여성 공직자가 맡는 것은 처음이다. 누구도 밟지 않은 길에 가장 먼저 발을 내딛는 기분은 어떨까. 14일 경기도청에서 만난 이 청장에게 '경기도 최초 여성 1급 공직자'가 된 소감을 묻자 그는 "하하, 뭐 특별히 할 말이 있을까요. 일할 수 있는 기회를 갖게 돼서 감사하고 정말 좋습니다"라며 웃었다. 2017년 4월 그는 공직에 최초 임용된 지 29년이 된다. 이 청장이 가진 수많은 '최초'의 타이틀 속엔 울고 웃었던 29년의

시간이 묻어있다.

“제가 공직에 입문할 때는 여성이 적었기 때문에 ‘최초', ‘처음' 같은 수식어들이 많이 붙었지만 요새 들어오는 후배 공무원들을 보면 ‘내가 요즘 시험 봤으면 이렇게 될 수 있었을까' 생각을 많이 한다”는 이 청장은 “사회가 여성, 남성에 대한 구분이 많이 엷어지고 누구나 열심히 일할 수 있는 기본 토대는 마련된 것 같다. 선배가 이렇게 걸어온 길을 발판 삼아 많은 후배들이 더 크게 됐으면 하는 바람”이라고 말했다.

- '경기도 최초 여성'

1997년 3월 경인일보는 ‘부실시공 포도대장 떴다'는 제목의 기사를 게재했다. 기술 분야 여성 1호로 경기도 기술감사계장이 된 당시 이 청장에 대한 내용이었다. 이 청장은 “제가 당시 건설교통부에서 도시계획 업무를 하다 1997년 경기도에 왔다. 당시 기획감사계장을 맡게 됐는데 경인일보에 기사가 났다”며 “‘나도 신문에 날 수 있구나' 싶어서 굉장히 신기했었다. 그때가 ‘경기도 최초 여성' ○○○ (직책) 타이틀로 기사가 나간 게 처음”이라고 회고했다. 국가고시를 통해 공직에 입문한 여성 공직자가 적었던 시절, 줄곧 이 청장은 ‘처음'의 길을 걸었다. 가장 기억에 남는 시절로 꼽은 성남 수정구청장 재임 기간도 마찬가지였다.

이 청장은 “공직에 들어와 경기도에서 주로 일을 했지만 정부 부처에서도 기초단체에서도 일을 했다"며 "정부 부처에서는 정책이 결정되고 법이 개정되는 과정을 전반적으로 보고, 경기도에선 도 전체를 볼 수 있는 행정을 경험하는 등 곳곳에서 여러 경험을 할 수 있었지만 가장 기억에 남는 건 구청장을 맡았을 때"라고 했다.

벌써 15년 전 일이지만 아직도 수정구 주민들과 연락을 주고받는다는 이 청장은 "구청 일은 정말 사람들이 먹고 사는 과정에서 발생하는 일을 서비스해주는 것"이라며 "쓰레기를 치우고 교통을 정리하는 일 같이 사람들이 울고 웃고, 생활하는 일을 함께 하는 게 구청장의 일이더라. 할아버지, 할머니, 아저씨, 아주머니, 통장님 이런 분들의 사는 이야기를 들으면서 정말 사람 사는 느낌을 같이 느낄 수 있었다. '내가 이래서 공무원이 됐지' 라는 생각을 그 당시 정말 많이 했다"고 말했다. 경기도 도시주택실장·기획조정실장, 화성시 부시장, 경기도의회 사무처장으로 재직했던 때도 빼놓지 않고 '기억에 남는 순간'으로 언급했다.

"여러모로 성장할 수 있는 기회였다"고 했다. 이 청장은 "도시주택실장을 두번했는데 그 중 2010년은 뉴타운 사업이 완전 뒤집어졌던 때였다. 민간하고 TF팀을 꾸렸었는데 3개월 동안 매일 아침 7시에 김밥 먹으면서 회의를 했었다. 기획조정실장 할 때는 도 살림을 총괄하고 도 전체를 들여다볼 수 있는 자리니 의미가 있었다"며 "여러군데서 일을 참 다양하게 많이 했는데 화성시에선 '바다 행정'이라는 걸 처음 했다. 화성시는 인구도, 예산도 폭발적으로 늘어나고 갈등도 곳곳에 많았던, 정말 매력적이고 다이나믹한 도시였다. 도의회에선 128명의 도의원들과 호흡하면서 사람과 사람의 관계를 배울 수 있었다"고 강조했다.

- '후배 여성 공직자·사회인들 모두 훌륭해 제가 걸어온 길 발판이 됐으면

경기도 최초 여성 1급 공직자가 된 이 청장에게 '여성'이란 더욱 남다른 단어일 터. 여성 고위 공직자가 흔치 않은 공무원 조직에서 그는 교육기간 2년을 제외하고는 공직에 몸담은 29년간 공백 없이 달려왔다.

"이번에 황해경제자유구역청장에 지원하려고 이력서를 쓰면서 보니까 교육 다녀온 것 외엔 한 번도 중간에 공백이 없었다는 점을 새삼 알게 됐다"던 이 청장은 "쉼 없이 다양한 곳에서 일해왔는데, 여성이라서 불편할 때가 없었다면 거짓말일 것"이라고 털어놨다.

그러면서도 "그런데 그게 꼭 단점만은 아니었다. 여성은 감성도 더 풍부하고 섬세하고 또 지구력이 있다. 의지만 가지면 여성이 잘할 수 있는 일들이 많다. 남자를 닮아갈 필요는 없다"고 덧붙였다. 아이를 키우는 '엄마'로서의 경험 역시 조직 내에서 직원들과의 관계, 민원인들과의 소통 등에서 많은 도움이 됐다는 게 이 청장의 설명이다. 황해경제자유구

역청에서도 이러한 강점을 최대한 살리겠다고 했다.

그는 “기존 황해청과 MOU를 체결한 기업 관계자들을 대상으로 소그룹을 구성해 간담회를 하려고 한다. 20~30명을 한번에 모아 회의를 할 수도 있겠지만 서너명 조금씩 모여 요즘 각 회사가 어떤 상황인지, 어려운건 없는지 일일이 이야기를 들으면 실제 투자로도 이어지지 않을까 생각한다.”며 “제가 취임식 때 ‘결국 모든 일은 사람이 한다. 정성을 갖고 함께 일할 수 있게 발로 같이 뛰자'고 말했다. 새로운 자세로 열심히 해보자는 생각”이라고 밝혔다.

不實시공 「포도대장」 떴다

기술분야 여성1호 李花順 道기술감사계장

이화순 청장이 1997년 3월 기술 분야 여성 1호로 경기도 기술 감사계장이 됐다고 보도한 경인일보 지면. 경인일보 DB

애꿎게도 지금의 이 청장을 있게 한 건 공직에 입문하기 전 몸담았던 기업의 여성 인력 감원 방침이었다. 이 청장은 “남편과 대학 캠퍼스 커플이었는데 졸업 후 같은 직장에 입사했다. 당시는 젊은 여성 직원들이 ‘감원 1호'가 됐던 시절이었는데 저도 예외는 아니었다”며 “회사 다니다가 자유의 몸이 되니 잠깐은 홀가분했는데 시간이 조금 지나니까 다들 앞으로 가는데 저만 거꾸로 걸어가는 것 같았다”고 고백했다. 하루하루가 하릴없이 가던 그때, 1년 먼저 회사를 그만둔 직장 동료의 권유로 고시 공부를 하게 된 게 '경기도 최초 여성 1급 공직자' 이 청장을 만들었다.

이 청장은 "요새 공직에서도 그렇고 사회 각 분야에서 일하는 여성 후배들을 보면 똑똑하고 역량을 갖춘 분들이 많다."며 "저는 여성 공직자들이 많이 없었던 때 출발했기 때문에 특별하지 않아도 최초, 처음이라는 수식어가 많이 붙었지만 그런 발자국 하나하나가 후배 사회인들이 더욱 성장할 수 있는 디딤돌이 되면 좋겠다"고 말했다. 그는 이제까지 누구도 가지 않은 길에 망설임 없이 발자국을 찍어왔다. 앞으로 그의 발자국은 또 어느 낯선 길에 찍히게 될까.

섬세하고 더 풍부한 감성에 지구력도 좋아
남자를 닮아갈 필요는 없어
엄마로서의 경험도 소통에 도움
여자의 신분이 꼭 단점만은 아니다 "

이화순 청장은?

- 1961년(만 55세) 충북 보은 출생
- 고려대학교 대학원(건축계획학) 졸업
- 1988년 4월 최초 임용(기술고시 23회)
- 2003년 성남시 수정구청장

- 2004년 의왕시 부시장 - 2006년 경기도 건설본부장
- 2008·2010년 경기도 도시주택실장
- 2012~2014년 국토교통부 기술안전정책관·건축정책관
- 2014년 경기도 기획조정실장
- 2014~2016년 화성시 부시장
- 2016~2017년 경기도의회 사무처장
- 2017년 3월 ~ 황해경제자유구역청장

OBS뉴스(2016.2. 5 , http://www.obsnews.co.kr)

화성시 규제개선 '성과'…4천 명 일자리 창출

유재명 <영상취재 조성범 / 영상편집 송수연>

【앵커멘트】

기초 자치단체들이 기업 애로를 해결하기위해 규제개선에 나서고 있지만 법령을 개정하기가 쉬운 일이 아닌데요. 개발 수요가 많은 화성시가 불과 1년 반 만에 12건의 법령을 개정해 4천 명의 일자리를 만들었습니다. 유재명 기자입니다.

【리포터】

70여 개국에 수출하고 있는 대형 프린트 부품 제조 업첸니다. 최근 개발한 제품이 해외에서 인기를 끌고 있지만, 수출에 필요한 시설을 갖추지 못해 애를 먹고 있습니다. 준농림지역에서 공장 증축을 추진했지만, 최근 도시지역으로 편입되면서 4m 진입도로를 6m로 넓혀야 하는 규제에 발목이 잡혔기 때문입니다.

【인터뷰】배진권/ (주)나이테 대표

"(클린룸 설치 등) 환경 조건이 맞아 줘야만이 수출을 할 수 있는데,

(디졸브) 준비를 못함으로써 지금까지 많은 수출의 차질을 빚어오고 있습니다.” 화성시가 국토교통부 등을 반 년 넘게 설득한 끝에, 지난해 말 건축법 시행령이 개정돼 공장증축이 가능해졌습니다. 약제를 추출해 파는 건강원입니다. 계절에따라 수요 차이가 크다보니, 비수기때 기능식품을 팔고 싶어도 업종이 다르다는 이유로, 허가를 따로 받아야 하고 벽으로 공간을 구분해야 해 어려움이 많았습니다. 화성시가 1년 넘게 관계부처 문을 두두렸고, 최근 '복합매장'이 가능하도록 법령이 개정됐습니다.

【인터뷰】신승만/ 고려건강원 대표

“한 공간에서 세 가지 업종을 다 할 수 있어서 (경영에) 도움이 돼서 좋습니다.” 화성시가 규제 개선에 나선 지 1년 반만에 12건의 법령을 개정하고, 415건의 규제를 정비했습니다. 그 결과 2천억 원의 신규 투자와 4천여 개의 일자리가 만들어졌습니다.

【인터뷰】이화순/ 화성시 부시장

“민원이 생겼을 때 바로 현장에 나가서 대책을 논의하고 해결이 될 때까지 그래서 일자리로 이어질 수 있도록 (하겠습니다.)” OBS뉴스 유재명입니다.

머니투데이(2012. 8. 7, https://news. mt.co.kr)

"마음 열고 듣는… '엄마표 행정' 통했죠"

[피플] 이화순 국토해양부 기술안전정책관

전병윤기자

이화순 국토해양부 기술안전정책관(국장·사진)에겐 늘 '여성 최초'라는 꼬리표가 붙어다닌다. 이 국장은 1987년 기술고시에 합격한 후 서울올림픽조직위원회를 거쳐 경기도청에 근무하면서 여성 첫 과장·국장·실장을 역임했다. 성공한 공무원인 셈이다. 그가 갖고 있는 남다른 경쟁력은 무엇일까. 이 국장은 조심스레 '여성스러움'이라고 답했다. "행정의 출발은 마음을 열고 열심히 듣는 것이라고 생각해요. 수많은 이해관계가 대립하는 문제에선 특히 더 중요하죠. 얽힌 문제를 풀 수 있는 첫 단추거든요. 억울해서 찾아온 사람들에겐 그 자체로도 큰 위안을 줄 수 있고요. 문제를 원만히 해결해낸 그 힘은 이런 의미에서의 여성스러움에서 비롯된 게 아닐까요."

실제 이 국장의 말투나 억양은 상대방을 무장해제시킬 만큼 편안함과 신뢰를 준다. 능력있는 상담자는 해결책을 주기보다 상대방의 얘기를 잘 들어주는 것이라고 했다. 그는 경기도청에서 근무하면서 도시정책국장, 주거대책본부장, 도시주택실장 등 요직을 거쳤다. 여기에 성남시 수정구청장과 의왕시 부시장으로 근무한 경력도 있다. 특히 2003년 수정구청장을 할 때가 기억에 가장 많이 남는다고 한다.

이 국장은 "당시 구청장 문턱을 없애 부녀회, 통장, 주민자치위원장, 노인들까지 많은 사람이 찾아와 그들의 눈높이에 맞춘 행정을 펴나갔다"며 "지방행정은 대부분 다양한 분야를 종합 조정해야 하는 일이 많았는데 당시 경험들이 공무원으로서 소중한 밑거름이 됐다"고 말했다. 그는 "최대한 많은 사람을 만나 얘기를 듣는 과정이 선행돼야 한다"며 "신중히 판단 뒤 약속을 하면 반드시 추진해 결과물을 보여줘야 비로소 신뢰를 얻을 수 있다."고 강조했다. 이어 "이를테면 경기도의 경우 뉴타운에 대한 갈등이 첨예해 당시 수많은 민원을 듣고 매주 월요일 새벽마다 교수, 전문가들과 모여 개선안을 만들었다."며 "도에서 스스로 고치기 어려운 부분은 국토부를 통해 법 개정을 요구해 뉴타운 관련법 개정 중 90% 가량이 경기도에서 건의한 게 반영됐다."고 설명했다. 공무원 인생의 출발은 다소 의외였다. 대학교에서 건축공학을 전공한 이 국장은 1983년 현대건설에 입사했다. 당시로선 여성이 건설사에 입사한 것 자체가 흔치 않은 일이었다. 국토부 여성 첫 국장인 김진숙 국토부 항만정책관과는 현대건설 입사 동기였다.

그러던 중 1986년 2차 오일쇼크로 중동 건설시장이 타격을 입었다. 중동 근로자들이 한꺼번에 귀국했고 구조조정의 칼바람이 불었다. 남성 위주의 조직문화에서 타깃은 미혼여성이었다. 이 국장은 결국 스스로 사표를 냈다. "여성이란 이유만으로 차별받는 일이 흔했어요. 실직 후 인생의 패배자란 자책감도 들었죠. 답답한 마음에 입사동기로 1년 전에 먼저 회사를 그만둔 김진숙 국장을 만났어요. 공무원시험을 준비 중이라는 얘기를 듣는데 이상하게 힘이 나더라고요. 그 인연으로 공무원을 하게 된 거죠."

그는 지난 3월 경기도청에서 국토부로 자리를 옮겼다. 종전에는 실전에 가까운 행정을 했다면 지금은 룰을 만드는 심판의 역할을 한다. 이 국장은 "현재 업무는 건설기술업을 하는 용역업체들을 잘 선정하고 각종 건설기준을 만드는 전문적 영역"이라며 "기술발전을 이루려면 공정한 게임이 보장돼야 하므로 이런 룰을 어떻게 만들지를 살펴보고 있다."고 말했다. 이 역시 부당함이나 불공정행위 등이 없는지 속마음을 들춰보는 이 국장 특유의 행정이 이뤄지고 있다.

이화순 국토해양부 기술안전정책관 약력

- 1961년생 1983년 고려대 건축공학과 졸업
- 1983년 현대건설 입사 1987년 기술고시 합격
- 1987년 서울올림픽조직위원회 1989년 경기도청
- 2003년 성남시 수정구청장 2004년 의왕 부시장
- 2005년 경기도 도시주택국장 2007년 주거대책본부장
- 2008년 도시주택실장
- 2012년 3월 국토해양부 기술안전정책관

건설경제신문(2013. 1. 29, https://www.cnews.co.kr)

"건설기술 용역분야 살뜰히 보살펴 국제경쟁력 높여야죠"

<인터뷰> 이화순 국토해양부 기술안전정책관

신정운기자

차분하다. 온화하다. 건설기술 · 용역 발전과 건설안전 분야 행정을 책임지는 공직자로서 알맞은 분위기와 향기를 지녔다는 느낌이다. 사무실 한 켠에 단정하고 우아하게 자리잡은 벵갈고무나무 한 그루와도 어울리는 인상이다.

그녀는 원래 경기도 공무원이다. 교환인사로 국토해양부에 파견온 지 아직 1년이 채 지나지 않았지만, 엔지니어링 분야의 산업경쟁력을 높이고 실제 업계 종사자들의 부담을 줄여줄 정책 · 기준을 하나하나 발굴해가면서 어느 새 '현장에 관심을 기울이는 공직자'로 평가받고 있다. 지난 21일 정부세종청사 사무실에서 이화순 국토해양부 기술안전정책관(52)을 만나 지난 1년 동안의 소감과 향후 건설 · 엔지니어링 및 안전분야 정책방향을 들어봤다.

- 건축을 전공한 기술자이고 경기도청에서 건설본부장과 도시주택실장을 지내셨는데, 국토부에서 일하는 소감은?

개인적으로는 새로운 경험과 공부가 돼 기뻤다. 경기도에서 일할 때는 평소, 중앙행정이 지방행정과 원활하게 어우러지지 못한다는 안타까움이 있었는데 건설기술 분야에서 이런 고민을 풀어낼 기회가 된 것같다. 중앙정부 정책이 제대로 집행되기 위해서는 지자체와 민간업체 · 현장 종사자들이 함께 적극적으로 입안에 참여하고 대안을 발굴해야 하는데, 그런 분위기를 조성하는데 일조하고 있어 다행스럽게 생각한다.

- 1년 동안 집행한 기술정책 중에서 인상적인 성과를 꼽는다면?

건설기술관리법 전부개정안을 마련했고 앞으로 5년 동안의 정책방향을 제5차 건설기술진흥기본계획에 담아낸 것이 큰 일이었다. 건설엔지니어링 산업의 경쟁력을 높일 기반을 갖추기 위해 기술인력 수급예측시스템을 구축하고, 등급체계를 개선하며, 연구개발 및 설계·시공기술 선진화 방안을 제시한 것이 핵심이다. 용역·시공업체 선정과정이나 건설현장에서 발생하는 부실과 비리 근절대책을 추진한 것도 빼놓을 수 없다. 안전사고사례 데이터베이스를 구축하고 안전점검 기동반을 가동한 일도 생각난다.

- 입찰방법 중에서 턴키와 관련된 제도개선이 많았던 것으로 기억한다.

턴키제도는 장점도 많지만 부실과 비리에 연루되는 경향이 적지 않았다. 그래서 질서를 확립하기 위한 노력을 많이 기울였다. 설계심의분과위원 워크숍, 전문가 특별교육과 발주기관협의회 등을 통해 설계심의의 전문성과 투명성을 높이는데 힘썼다. 아울러 비리업체 감점제도를 신설하고, 심사위원회들이 사후 용역이나 자문에 참여하는 것을 금지하며, 특히 설계심의 운영표준안을 마련하는 등 공정성 확보방안에 주력했다. 시설기준에 미달하는 사업을 턴키로 발주하려면 국토부와 의무적으로 사전협의하도록 해 턴키발주 남용도 방지했다. 턴키 외에도 업체별 벌점 현황을 공개해 스스로 경감심을 갖도록 유도하는 한편 부실부패신고센터를 개설해 건설현장의 자가점검 활동을 촉진하고 있다.

- 얼마전 건설엔지니어링 분야의 경쟁력이 세계 10위로 분석됐다. 1년 전보다 많이 나아졌는데 어떻게 평가하는가?

건설산업의 글로벌 경쟁력을 평가해본 것인데 설계 분야 경쟁력이 전년 19위에서 2012년 10위로 상승했다. 내수 건설경기 침체에도 불구하고 엔지니어링 업체들이 해외매출 신장에 매진한 결과 긍정적인 측면이 나타나고 있는 것으로 풀이된다. 그러나 아직 선진국 업계와 격차가 상존하는 만큼 연구개발 확대와 프로세스 효율화 등 경쟁력 강화 지원방안을 꾸준히 모색해야 하겠다.

- 설계대가 기준을 실비정액가산방식으로 바꿨다. 기술용역 표준과업지시서도 마련했다. 어떤 의미가 있는지?

도로, 철도, 항만, 하천, 댐, 상수도 등 6개 토목분야의 용역 대가기준을 공사비요율방식에서 실비정액가산방식으로 전환하기 위해 세부 산정 기준을 고시했다. 고난도의 지하철 설계와 단순한 도로설계에 똑같은 설계 대가가 적용되는 것은 불합리하기 때문에 실제 설계업무량에 비례해 대가가 반영되도록 한 것이다. 관련 용역업계는 정당한 대가를 받게 되고 발주기관은 고품질 설계를 확보할 수 있게 된다. 건설기술용역 표준 과업지시서도 불합리한 관행을 개선하는데 도움이 될 것이다. 기존 과업 지시서의 일부 조항은 발주청이 우월적 지위를 앞세워 추가 과업을 지시할 수 있는 근거가 됐다. 앞으로 불공정거래 소지를 개선함으로써 엔지니어링업계의 부당한 부담을 덜어줄 것으로 기대한다.

- 지난해 말 제5차 건설기술진흥기본계획을 수립했다. 핵심을 간략한 설명한다면?

2017년까지 건설 · 엔지니어링 업체의 경쟁력을 높이고 세계시장 점유율을 5%로 끌어올리는 중장기 국가계획이다. 올해부터 5년 동안 건설기술 한류(韓流)로 5대 건설강국을 견인한다는 게 목표다. 구체적인 방법으로는 건설 전분야에서의 BIM 도입, 기술력 중심 발주체계 구축, 설계 · 시공기준 총체적 정비, 건설기술인력 수급예측시스템 구축, 공공공사 품질관리인증제 도입 등을 들 수 있다.

- 건설현장 안전사고를 낮추는 작업이 긴요하다. 지난해 장남교 붕괴사건도 이슈가 됐다.

장남교 사건은 지난해 가장 안타까운 사고였다. 그러나 이 사고를 계기로 국토부 사고조사위원회가 처음 가동됐다. 전문가들을 위원회로 구성해 한 달 이상 조사활동을 벌여 원인을 규명하고 재발 방지대책을 마련할 수 있었다. 앞으로 주요 건설현장 사고가 발생한다면 혼선 없이 운영될 수 있는 사례를 만든 셈이다. 전체적으로 안전사고는 소규모 건축현장에서 빈발하기 때문에, 20억원 미만 소규모 현장의 관리체계를 확립하는 작업이 긴요하다. 소규모 현장을 제도권 내로 끌어들여 가설공사 등 안전관리를 강화할 수 있도록 해야 한다.

- 차기 정부가 중소기업을 중시하는 경제정책을 펼 것으로 예상된다.

다행스럽다. 엔지니어링 업체들 대다수도 중소기업이다. 이들이 국내시장 뿐 아니라 해외에서도 가뿐하게 뛸 수 있도록 국제경쟁력을 높여주는 방향으로 정책이 펼쳐져야 한다. 앞으로 보다 구체적이고 지속적인 방법을 찾겠다.

- 마지막으로 <건설경제> 독자분들께 전하고 싶은 말씀이 있다면?

'건설기술용역 업체에 대한 살뜰한 보살핌'을 가장 중요한 정책방향으로 생각하고 있다. 업계 종사자들이 어떤 형편에 처해 있는지, 어떤 도움이 필요한지를 섬세하게 살펴보고, 돌보면서 대안을 찾으려 노력하겠다. 정책이 제대로 집행되고 있는지 지자체, 민간, 현장과 함께 점검해 '함께 가는' 정책에 최선을 다하겠다고 약속 드린다.

국토일보(2013. 5. 24, http://www.ikld.kr)

[정책인터뷰] 국토교통부 이화순 건축정책관에게 듣는다

"건축산업, '위기를 기회'로 고부가 지식서비스사업 재도약" '

건축산업진흥법' 시행 눈앞 건축설계·기술 진흥 앞장 발주제도 개선 디자인·기술력·

창의력 발휘 극대화 만전그린 리모델링·에너지절감 등 녹색건축 정착 역량 결집

대담=김광년 本報 편집국장 정리=장정흡 기자

새 정부 출범과 함께 신설된 국토교통부 건설정책관실. 초대 건축정책관실 수장으로 임명받은 이화순 건축정책관은 평소 건축 전문가로 평가받고 있는 인물이다. 건축업계 이목이 건축정책관실로 집중된 가운데 이 정책관은 "지금의 건축산업 위기를 기회로 삼고 고부가가치 지식서비스산업으로 탈바꿈 할 때"라고 강조했다. 국토부 정책관 중 홍일점인 이화순 정책관을 만나 국토부의 올 건축정책 방향에 대해 들어봤다.

- 올 건축 정책 주요 방향에 대해 듣고 싶습니다.

인간이 생존하기 위한 가장 기본적인 요소가 의·식·주이고, 건축은 그 중 하나를 담당하는 분야입니다. 국토부는 새 정부가 출범한 이 시점에 새로운 국정기조에 맞춰 그 의미를 생각하면서 건축정책을 추진하고자 합니다.

우선 경제부흥입니다. 이를 위해 국토부는 건축서비스산업을 집중적으로 육성하고자 합니다. 지난달 말 건축계의 오랜 숙원이던 '건축서비스산업 진흥법'이 국회 본회의를 통과해 건축 설계 및 기술 진흥을 위한 기반은 마련됐다고 봅니다. 앞으로 내년 시행을 위해 하위 규정을 마련하고, 발주제도 디자인·기술력 개선해 창의력 있는 설계자가 능력을 발휘할 수 있도록 하겠습니다. 이와 함께 국민행복과 문화융성을 위해 실내건축을 제도권으로 수용하고, 실내건축 가이드라인을 마련하는 한편, 관련 전문가들을 육성하겠습니다. 또한 최근 발의된 '한옥 등 건축자산 진흥법'을 계기로 건축 분야에서도 새로운 한류 바람을 일으킬 수 있도록 역량을 집중할 것입니다. 이 밖에도 평화통일 기반구축입니다. 통일이 되면 아무래도 우리 건축이 해야 할 일이 늘어나지 않을까 싶네요.

- 초고층 빌딩 연구는 어떻게 진행되고 있는지요.

대한민국 초고층 건축물 시공 기술은 세계적인 수준입니다. 다만 고부가가치 설계 ENG은 대부분 해외업체가 수행하고, 시공분야에서도 수직도 및 기둥축소 관리 등 핵심기술은 아직도 외국에 의존하고 있는 현황입니다. 정부는 초고층 건축물 설계 및 시공이 국가 신성장동력 산업 중 하나가 될 것으로 보고 지난 2009년부터 '초고층복합빌딩 사업단 연구'를 VC-10 사업으로 선정해 연구개발을 추진하고 있습니다. 초고층 설계기술 연구와 시공기술 연구를 통해 세계 최고 수준의 초고층 설계·시공 기술력을 확보하기 위한 노력을 하고 있으며, 연구결과는 국내 프로젝트에 우선 적용해 실적을 구축하고 이를 바탕으로 해외 수출을 추진하고자 합니다.

- 해외시장 진출 현황 및 추진계획에 대해 설명해주십시오.

국내 건설시장 성장이 둔화되고 있는 현실을 감안할 때 해외 시장으로의 진출은 필수적입니다. 국토부는 지난해 중동 아랍에미리트 아부다비에서 U-City 및 초고층기술 등을 수주하기 위해 '아부다비 민관합동 수주지원단'을 파견하고, 아부다비 'U-City&건축 로드쇼'를 개최한 바 있습니다. 향후에도 국내 기업의 수주를 지원하고 해외 진출을 돕기 위한 다양한 정책을 강구하도록 하겠습니다.

- 녹색건축 조성 방안은 어떻게 추진되고 있는지요.

지난해에 제정돼 올 2월부터 시행 중인 '녹색건축물 조성 지원법'에 따라 녹색건축을 활성화하기 위한 다양한 정책을 추진 중입니다. 녹색건축은 크게 신규건축물과 기존건축물 두 가지로 나눠 접근 할 수 있습니다. 신축 건축물 분야에서는 설계 단계에서 에너지 관련 허가 기준을 지속적으로 강화하고 있습니다. 건축 설계 시 검토하는 에너지 절약계획서 적용 대상을 대형 건축물에서 중소형 건축물로 확대하고, 기준도 상향 조정함으로써 건축물 설계 단계에서부터 에너지 절감을 염두에 두도록 했습니다. 아울러 정부차원에서 에너지 성능 향상 선도 모델을 구축하기 위해 공공 건축물을 대상으로 그린 리모델링 시범사업을 추진 중입니다. 올해 10개 기관이 선정돼 일부에는 설계비가, 일부에는 시공비가 지원될 예정입니다.

- 관련 산업 진흥을 위한 메시지.

진부한 표현이지만 위기는 기회라고 합니다. 지금이야말로 우리 건축 산업이 고부가가치 지식서비스산업으로 탈바꿈하기 위한 기회라고 생각합니다. 정부도 이번 '건축서비스산업 진흥법' 제정을 계기로 국내 발주제도를 선진화해 디자인 역량이 뛰어난 업체가 활약할 수 있는 기반을 마련하고, 국내 수십 개의 법령과 행정규칙으로 조각난 건축기준의 통합을 추진하는 등 업계의 불편을 최소화할 수 있도록 노력하겠습니다. 아울러 국토일보와 언론에서도 정부와 업계, 학계, 그리고 국민들이 막힘없이 서로의 목소리를 들을 수 있도록 소통의 장을 마련해 줄 것을 부탁합니다.

경기신문 (2007. 7. 30 , https://www.kgnews.co.kr)

평택지원특별법 개정·공포… 개발 '장밋빛 청사진'

지방산업단지 지원·기업이전 추진 '숨통'
기반시설비 국비진행 등 개발사업 '탄력'

한형용 기자

30일 경기도청 브리핑룸에서 이화순 경기도주거대책본부장이 정부의 국가균형발전논리에 의한 수도권 규제를 적용해 지방산업단지의 국비지원 거부, 기업의 지방이전 대상지역 포함 등 난항을 겪었던 평택시 개발계획이 평택지원특별법 개정.공포로 완전 해소됐다고 밝히고 있다. 노경신기자 mono316@

수도권정비계획법에 따라 실효를 거두지 못하던 평택지원특별법이 27일 개정·공포된 가운데 경기도가 재원확보에 대한 과제를 풀기위해 고심하고 있다. 도는 지방산업단지의 국비지원 거부, 기업지방이전 대상지역 포함 등 난항을 겪었던 평택시 개발계획이 평택지원특별법 개정으로 국비지원을 받게 돼 난항이 해결될 전망이라고 30일 밝혔다.

이번 특별법 개정으로 미군기지 이전에 따른 평택지역개발계획사업 예산 4조4천억원, 지방산업단지 7개 지구 1천420만㎡의 기반시설비 5천964억원 등을 국비로 진행할 수 있게 됐다. 하지만 명목상 지원근거로 실제 비용을 확보할 수 있는 방안과 첨단기업 유치계획 등을 마련해야 하는 과제가 남아 있어 경기도의 행보가 주목되고 있다.

추진배경

평택지원특별법은 주한미군기지 평택이전사업의 원활한 시행, 평택시 지역발전 촉진 및 이전지역 주민의 권익 보호를 위해 2004년 12월 31일 제정됐다. 하지만 내용이 모호하다는 지적과 함께 수도권정비계획법과 국가균형발전특별법 등 상위법에 충돌하면서 기존 법률상 미비점을 보완하는 방안을 제시, 우제항 의원 등이 지난해 7월 5일 특별법 개정 법률안을 발의했다.

주요골자는 지역개발계획 사업의 연차별 개발계획 반영 의무화, 외국교육기관의 설립운영 규정 마련, 지방산업단지 조성 보조금 국비지원 확대, 50억 미만 공사에 대해 지역업체 또는 지역업체와 공동참가자로 제한 등으로 추진됐다.

기대효과

정부에서 약속한 평택지역개발계획사업은 국비 4조4천억원의 우선지원 근거를 강화했다. 또 국제화계획지구 내 대학 등 외국교육기관 설립·운영을 가능토록 했다.특히 평택시에 조성하는 지방산업단지 1천420만㎡ 7개 지구에 대한 지원도로, 용수공급시설, 하수도 및 폐수종말처리시설 등 기반시설 설치비용도 비수도권과 접경지역의 수준으로 국비지원 근거를 마련, 5천964억원의 지방비 절감효과도 누릴 전망이다.

평택지역개발사업 국비예산은 연차별계획에 의거 다음해에는 3천5억원이 우선 지원되며 지방산업단지 국고보조금은 2009년 2천912억원을 시작으로 2010년, 2011년 각각 1천526억원이 지원될 예정이다.

후속대책

하지만 재정지원과 기업유치에 대한 우려는 여전히 남아있다. 연차별계획에 따른 다음해 국비 승인액을 확보를 위한 평택시와 국방부와의 협조, 지역 국회의원과 평택시와의 공조 등의 과제가 남았기 때문이다. 특히 기반시설 설치비용을 활용한 첨단기업 유치방안계획이 시급한 마련이 필요하다. 도내 첨단기업 유치계획은 지속적으로 진행됐지만 국제화 중심도시에 걸맞는 외국교육기관 유치를 새롭게 계획해 지역경제에 실질적인 영향이 미쳐야 하기 때문이다.

이화순 도 주거대책본부장은 "평택시, 국방부와 협의해 올 10월까지 특별법 시행령 개정사항을 추진하고 다음해 국비지원금 3천5억원 확보를 위해 지역 국회의원들과 공조하겠다"며 "평택시를 국제화시대 서해안 벨트 환 황해권의 국가경제 중심으로 발전시키겠다."고 말했다.

한겨레 (2004. 10. 19 , http://www.hani.co.kr)

군포-의왕 경계분쟁 주민편익 위주 타결

한겨레 의왕/홍용덕 기자 ydhong@hani.co.kr

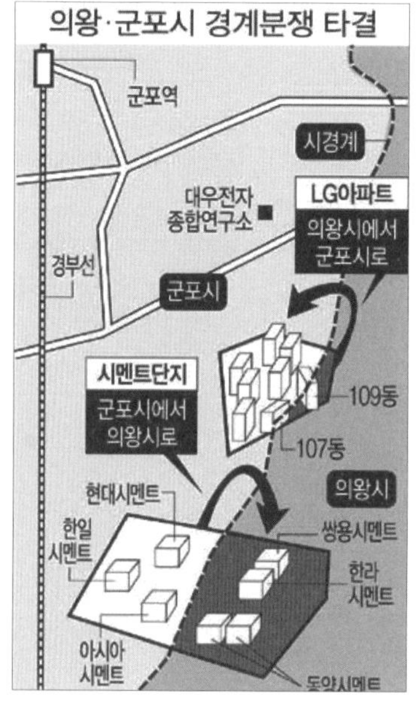

[한겨레]

지난해 4월 경계구역인 당정택지지구에 건설된 아파트로 인해 비롯된 경기도 군포시와 의왕시 사이의 땅 싸움이 18개월 만에 마침내 타결됐다. 이번 합의는 잇따르는 자치단체간의 경계 분쟁 속에서 '주민 편의'의 중시한 결정이라는 점에서 좋은 평가를 받고 있다. 군포·의왕시는 18일 당정택지지구 엘지아파트 경계 분쟁과 관련해 군포시가 엘지아파트의 터(6200평), 부곡동 택지개발예정지구(2800여평), 복합화물터미널 주변 및 영동고속도로 남단 등 모두 4만1000여평의 의왕시 토지를 편입하기로 합의했다.

동시에 의왕시는 경인나들목 내륙화물터미널 주변의 군포시 관할인

양회(시멘트) 기지 터 4만9000여평을 의왕시에 편입하기로 했고 양쪽에 터를 걸친 소년원 부지는 뒤에 논의하기로 했다. 이로써 지난해 4월 엘지건설이 의왕시 토지 1만6000㎡가 포함된 군포시 당정택지지구 5만5000여㎡에 모두 10개 동 914가구의 아파트를 건설하면서 비롯된 두 자치단체간 경계분쟁은 일단락됐다. 군포·의왕시는 애초 엘지아파트 107동과 109동이 시 경계 위에 건설되자 엘지아파트 78가구는 의왕시, 41가구는 군포시로 인정했으나, 39가구에 대해서 서로 '내 땅'을 주장하면서 마찰을 빚어왔다. 이로 인해 이들 아파트 2개동에 대해서는 지난해 7월부터 재산세·종합토지세 등 지방세 부과가 유보됐다.

특히 양쪽 자치단체는 이번에 경계분쟁을 마무리으면서 '주민 편의'를 자치단체간 경계 분쟁의 원칙으로 제시했다는 점에서 높은 평가를 받고 있다. 이화순 의왕시 부시장은 "경계분쟁 지역은 현지 거주하는 주민의 의사를 최대한 존중하고, 서로 불이익을 받지 않도록 하며, 면적의 차이는 하천·철도와 같은 자연·인공 지형물을 통해 조정하자는 3대 원칙을 마련했다는 데 의의가 있다."고 말했다. 한편 이번 합의안은 주민공람을 거쳐 시 의회와 도 의회에 보고된 뒤 이의가 없으면 내년초 대통령령으로 공포된다.

글 중간에 삽입한 그림은 저자가 가지고 있는 것과 관련 기관의 협조를 받은 사진·자료입니다. 일부는 언론 뉴스 등에서 검색하고 캡처한 후 출처를 밝히고 인용하였습니다. 중간중간 캡처가 달리지 않은 사진은 화성시 공무원으로 일하는 조권희 님과 나의 멋진 선배인 심재인 포천허브랜드 박물관장이 취미로 촬영하고 있는 사진을 협조받아 수록하였습니다.

먼저 걸은 길, 함께 가는 길

초판 1쇄 발행 2022년 6월 15일

지은이 이화순
편집 · 디자인 홍성주 · 임승연
펴낸곳 도서출판 위
주소 경기도 파주시 광인사길 115
전화 031-955-5117~8

ISBN 979-11-86861-17-2 03190